高中化学拔尖创新人才培养的思考与实践

包立华 ◆ 著

吉林人民出版社

图书在版编目（CIP）数据

高中化学拔尖创新人才培养的思考与实践 / 包立华著. -- 长春：吉林人民出版社，2025.4. -- ISBN 978-7-206-21896-5

Ⅰ．G633.82

中国国家版本馆 CIP 数据核字第 2025UB4646 号

高中化学拔尖创新人才培养的思考与实践
GAOZHONG HUAXUE BAJIAN CHUANGXIN RENCAI PEIYANG DE SIKAO YU SHIJIAN

著　　者：包立华

责任编辑：孙　一　　　　　　　封面设计：刘行光

出版发行：吉林人民出版社（长春市人民大街 7548 号　邮政编码：130022）

印　　刷：三河市三佳印刷装订有限公司

开　　本：710 毫米×1000 毫米　1/16

印　　张：13.25　　　　　　　　字　　数：200 千字

标准书号：ISBN 978-7-206-21896-5

版　　次：2025 年 4 月第 1 版　　印　　次：2025 年 5 月第 1 次印刷

定　　价：68.00 元

如发现印装质量问题，影响阅读，请与出版社联系调换

目 录

序 / 1

01 第一章
拔尖创新人才培养溯源

第一节 "拔尖创新人才"的理解 / 2

第二节 培养"拔尖创新人才"的意义 / 14

第三节 国内拔尖创新人才培养现状 / 23

02 第二章
高中拔尖创新人才培养的理论研究

第一节 高中拔尖创新人才的特征 / 42

第二节 高中拔尖创新人才培养的外部规律 / 48

第三节 高中拔尖创新人才培养的内部规律 / 68

03 第三章
高中化学拔尖创新人才培养路径研究

第一节 研究的背景与文献综述 / 86

第二节 优化拔尖课程路径,以高考理念育拔尖人才 / 92

第三节 重视竞赛培优路径,以贯通培养育创新栋梁 / 99

第四节 重塑激励评价路径,以导向激励育拔尖精英 / 107

04 第四章
高中化学拔尖创新人才培养的关键技术

第一节　必备知识夯实无漏洞 / 116

第二节　关键能力培养能进阶 / 121

第三节　评价制度维度完善的策略 / 129

05 第五章
拔尖创新人才培养的未来畅想

第一节　教育强国建设蓝图与化学学科定位 / 136

第二节　高中学校培养未来行动 / 142

第三节　高中教师业务提升期待 / 150

第四节　拔尖创新人才培养展望 / 159

06 第六章
高中化学拔尖人才培养的生态构建思考

第一节　政策支持与资源保障体系的构建逻辑 / 173

第二节　家校社协同机制的创新设计 / 181

第三节　未来挑战的破局之道 / 189

第四节　实施保障与风险预判 / 198

参考文献 / 203

序

在教育强国战略稳步推进的关键时期，拔尖创新人才的培育工作成为教育领域的核心使命。当我初次翻阅包立华老师这本关于高中化学拔尖创新人才培养的专著草稿时，内心的震撼与欣喜难以言表。作为一名长期扎根高中教育领域、始终关注教育理论前沿与实践发展的教育工作者，我敏锐地察觉到，这部著作的诞生恰逢其时，对当下教育实践有着不可估量的价值。

教育，是国家发展的基石，是民族振兴的希望。在建设教育强国的伟大征程中，培养拔尖创新人才是重中之重。在全球化竞争日益激烈的当下，科技进步日新月异，各国都深刻认识到，拥有一批具备创新思维和卓越实践能力的拔尖人才，是在国际舞台上取得优势的关键。从学前教育的启蒙，到高等教育的深化，各个教育阶段都在为培养这类人才贡献力量。而高中阶段，作为基础教育与高等教育的重要衔接点，其重要性尤为突出。

包老师的这部专著，开篇便深入溯源，对拔尖创新人才培养展开深入探讨。从直观意义到科学定义，对"拔尖创新人才"的深入剖析，使我们能清晰地把握这类人才的独特特质与深刻内涵。书中对培养路径和方法的深入探讨以及从科技强国、个人成长、社会进步等多个维度对培养意义的阐述，为后续内容搭建起坚实的理论框架。对国内拔尖创新人才培养现状的梳理，涵盖了从学前教育到高等教育的各个阶段，让我们全面了解整个培养体系，从而精准定位高中阶段的作用与方向。

在高中拔尖创新人才培养的理论研究部分，包老师对高中拔尖创新人才的特征进行了精准概括。深厚的专业知识是基础，创新能力是核心驱动力，严谨的科学态度是保障，广阔的学科视野能让学生站得更高、看得更远，团队合作与领导力、社会责任感则是使其在未来社会中发挥更大价值的必备素养。对培养的外部规律和内部规律的深入挖掘，无论是马太效应、发展需求规律等外部规律，还是从聪明才智、经验积累等角度阐述的内部规律，都为教育工作者提供了重要的理论指导，让我们在培养过程中能够遵循教育规律，因材施教。

高中化学拔尖创新人才培养路径研究是本书的重点内容之一。包老师从研究背景和文献综述入手，使读者了解到该研究的时代背景和理论基础。通过优化拔尖课程路径，以高考理念为指引培育拔尖人才，从夯实基础知识、培养关键能力、提升学科素养、重视育人理念等方面，构建起一套完整的课程育人体系。在竞赛培优路径方面，从初中选苗到高三成长，每个阶段都有明确的目标和策略，为化学竞赛人才的培养提供了清晰的实施路径。书中建议重塑激励评价路径，从过程评价、创造性评价等多个维度出发，激发学生的内生动力，让评价不再仅仅是考核手段，更是促进学生全面发展的重要工具。

在培养的关键技术方面，本书对基础知识的精准理解、深度记忆、强化运用和持续巩固，对关键能力如逻辑思维、创新思维、自主学习、实践操作能力的培养，以及对拔尖培养评价制度的完善研究，都具有很强的实践指导意义。通过对评价制度现状的剖析，再到完善策略的提出，本书为高中化学拔尖创新人才培养的评价体系建设提供了有益的参考。

最后，在拔尖创新人才培养的未来畅想部分，本书从国家教育强国建设蓝图与化学学科定位，到高中学校培养的未来行动、高中教师业务提升目标，再到拔尖创新人才培养展望——阐述，展现了对未来的美好憧憬和坚定信心。

这部专著是包立华老师多年教育实践与思考的心血结晶，是对高中化学拔尖创新人才培养领域的一次全面而深入的探索。它既有高屋建瓴的理论高度，又有切实可行的实践指导，为高中教育工作者提供了宝贵的经验和启示。相信它的出版，将在高中教育领域，尤其是高中化学拔尖创新人才培养方面，发挥重要的推动作用。我也期待更多的教育工作者能从这本书中汲取智慧，共同为我国的教育强国建设贡献力量。

王腾香
2025 年 1 月于单县第一中学

第一章 01

拔尖创新人才培养溯源

本章从拔尖创新人才的理解、培养拔尖创新人才的意义和国内拔尖创新人才培养的现状三个部分展开讨论。

第一节 "拔尖创新人才"的理解

一、直观意义上的"拔尖创新人才"

简单来说，"拔尖创新人才"就是既要有拔尖能力又有创新本领的人才。那么，应该如何理解拔尖人才和创新人才呢？其实二者既相互联系又有差异。

（一）拔尖人才

1. 拔尖人才的内涵

拔尖人才，从直观意义上来说，是在某一领域或多个领域中表现出卓越才能的人。他们如同璀璨星辰，在人群中脱颖而出。在学术领域，拔尖人才可能是那些对深奥的理论知识有着超强领悟力和掌握能力的学者。例如，在物理学界，爱因斯坦无疑是一位拔尖人才。他凭借着对物理现象超乎常人的洞察力，提出了相对论这一伟大的理论。相对论不仅革新了人们对时空的认知，而且在现代科学技术的众多领域，如核能开发、宇宙探索等方面都有着根本性的指导意义。"智慧不属于恶毒的心灵，没有良心的科学只是灵魂的毁灭。"拉伯雷的这句话提醒我们，拔尖人才不仅仅智力超群，更应具备高尚的道德品质。爱因斯坦本人也是一位和平主义者，他积极倡导利用科学为人类谋福祉而非制造灾难。

在艺术领域，拔尖人才同样熠熠生辉。像梵高这样的画家，他以独特的绘画风格和炽热的情感表达，在艺术史上留下了浓墨重彩的一笔。他的画作充满了对生命的热爱、对苦难的挣扎以及对世界的独特理解。尽管他生前并未得到广泛的认可，但他对色彩和线条的独特运用，如《星夜》中那旋转的星空、扭曲的柏树，展现出了卓越的艺术才华。拔尖人才在艺术领域往往能够突破传统的束缚，创造出前所未有的艺术形式或者将传统艺术形式推向新的高峰。

2. 拔尖人才的特征

拔尖人才通常具有高度的专注力。他们能够长时间沉浸在自己所从事的事业当中，不受外界干扰。就像牛顿在研究万有引力时，他可以全身心地投入到对天体运动和力学的思考中。传说中他因专注于思考问题，甚至错把怀表当成鸡蛋放到锅里煮。这种专注力使得他们能够深入挖掘事物的本质，探寻隐藏在现象背后的规律。

拔尖人才还具备坚韧不拔的毅力。在追求卓越的道路上，必然会遇到各种各样的困难和挫折，然而，他们不会轻易被打倒。例如，发明家爱迪生在发明电灯的过程中，经历了无数次的失败。但他始终坚信自己的目标，不断尝试不同的材料和方法，最终成功地为人类带来了光明。"我从来不曾有过幸运，将来也永远不指望幸运，我的最高原则是：不论对任何困难都决不屈服！"居里夫人的这句话恰如其分地体现了拔尖人才坚韧不拔的毅力。

此外，拔尖人才往往具有广泛而深入的知识储备。他们不会局限于某一狭窄的知识范畴，而是在精通某一专业领域的同时，对相关领域甚至跨学科领域的知识也有所涉猎。达·芬奇就是这样一位全才型的拔尖人才。他不仅是一位伟大的画家，其画作《蒙娜丽莎》和《最后的晚餐》闻名于世，而且在解剖学、工程学、天文学等多个领域都有深入的研究和独特的见解。他绘制的人体解剖图精确细致，他设计的飞行器等机械装置虽然受当时技术条件的限制未能成为现实，但却展现了超前的工程学思维。

（二）创新人才

1. 创新人才的内涵

创新人才是那些能够产生新颖、独特想法并将其转化为实际成果的人。创新是人类社会发展的动力源泉，而创新人才则是推动这一进程的关键力量。

在科技研发领域，创新人才不断探索未知，开拓新的知识领域。例如，屠呦呦是创新型科研人才的代表。她在青蒿素的发现过程中，突破了传统中医药研究的方法。在面对疟疾这一严重威胁人类健康的疾病时，她通过对大量古代中医药典籍的研究，筛选出青蒿这一传统中药，并运用现代科学技术手段进行提取和研究。经过无数次的实验和失败，最终发现了青蒿素这一高效抗疟药物。青蒿素的发现不仅拯救了无数疟疾患者的生命，而且为全球抗疟事业做出了不可磨灭的贡献，这一成果也是传统医学与现代科学技术创新结合的典范。

2. 创新人才的特征

创新人才首先具有强烈的好奇心。好奇心是创新的火种，它驱使着人们去探索未知、寻求新的答案。例如，物理学家费曼就是一个充满好奇心的人。他对周围的世界充满了疑问，无论是微观的量子世界还是宏观的宇宙现象，他都想要深入了解。这种好奇心促使他不断地进行实验和研究，提出了许多独特的理论和见解。他曾说："我想知道这是为什么。我想知道这是为什么。我想知道为什么我想知道这是为什么。"这种对知识的强烈渴望和好奇心是创新人才的重要特征。

创新人才还具备敢于质疑的精神。他们不会盲目地接受现有的理论和观点，而是敢于对传统提出挑战。哥白尼就是一个敢于质疑的创新者。在当时地心说盛行的时代，他通过自己的观察和研究，提出了日心说。这一学说的提出是对传统天文学观念的巨大冲击，但正是这种敢于质疑的精神推动了天文学的发展。"学贵知疑，小疑则小进，大疑则大进。"陈献章的这句话强调了质疑精神在学习和创新中的重要性。

另外，创新人才具有很强的想象力。想象力是创新的翅膀，它能够让人们突破现实的局限，创造出无限的可能，能够让创新人才从无到有地构建出全新的概念、产品或服务。

（三）拔尖与创新的逻辑

1. 拔尖是创新的基础

拔尖人才往往在其所在领域积累了深厚的知识和丰富的经验，这为创新提供了坚实的基础。当一个人在某一领域达到拔尖的水平时，他对该领域的基本原理、发展历程、前沿动态等都有深入的了解。这使得他能够敏锐地发现现有理论或实践中的问题和不足，从而为创新提供了切入点。例如，在医学领域，那些顶尖的医学专家在经过长期的学习和临床实践后，对人体生理结构、病理机制等有着深刻的认识。他们在这个基础上才有可能进行创新性的医学研究，如开发新的治疗方法、发现新的药物靶点等。

同时，拔尖人才所具备的专注、坚韧等品质也有助于创新。创新过程往往是漫长而艰难的，需要投入大量的时间和精力。拔尖人才的专注能够让他们在创新过程中保持高度的注意力，不被外界干扰。他们的坚韧则使他们能够在面对创新过程中的重重困难时，坚持不懈地追求自己的目标。以科学家袁隆平为例，他在杂交水稻研究领域是一位拔尖人才。他凭借着多年的田间观察和研究，积累了丰富的水稻种植和育种知识。在此基础上，他以顽强的毅力克服了无数技术难题，不断进行创新，最终成功培育出高产的杂交水稻品种，为解决全球粮食问题做出了巨大贡献。

2. 创新是拔尖的升华

创新能够让拔尖人才在其领域内达到更高的层次。仅仅是在知识和技能上达到拔尖的水平是不够的，只有通过创新，才能真正推动领域的发展，也才能让自己在领域内成为具有深远影响力的人物。

创新也能够为拔尖人才带来新的机遇和挑战。当一个人在某一领域进行创新时，他必然会面临新的技术难题、市场需求等问题。这些问题的解决过程也是拔尖人才不断提升自己的过程。

3. 拔尖与创新的协同发展

在当今社会，拔尖和创新是相辅相成、协同发展的关系。一方面，社会需要不断培养拔尖人才，为创新提供源泉。教育体系应该注重培养学生的专业知识和技能，让他们在某一领域达到较高的水平。同时，也要注重培养学生的综合素质，如思维能力、道德品质等，使他们具备成为拔尖人才的潜力。另一方面，社会要鼓励创新，为拔尖人才提供创新的环境和平台。企业和科研机构应该建立良好的创新机制，鼓励员工提出新的想法，并为这些想法的实现提供资源和支持。

从国家层面来看，拔尖创新人才的协同发展对于国家的竞争力提升至关重要。一个国家只有拥有大量的拔尖创新人才，才能在全球科技竞争、经济竞争等方面占据优势。例如，美国之所以在科技和经济领域长期处于领先地位，很大程度上是因为其拥有众多拔尖创新人才，并且能够为这些人才提供良好的创新环境，如充足的科研经费、宽松的创业政策等。中国近年来也高度重视拔尖创新人才的培养和引进，出台了一系列政策措施来吸引人才、鼓励创新。如国家自然科学基金为科研人员提供了资金支持，各地的高新技术产业园区为创新企业提供了发展的平台。

总之，拔尖与创新逻辑关系紧密，拔尖为创新奠定基础，创新是拔尖的升华，二者协同发展对于个人成长、社会进步以及国家竞争力的提升都有着不可估量的意义。在未来的发展中，我们应更加重视拔尖创新人才的培养和发展，以推动人类社会不断向更高层次迈进。

二、科学意义上的"拔尖创新人才"

在当今科技迅猛发展、知识不断更新迭代的时代，"拔尖创新人才"在科学发展的进程中扮演着举足轻重的角色。科学意义上的"拔尖创新人才"，是一个集多种优秀品质和能力于一身的特殊群体，他们犹如科学星空中最为璀璨的星辰，照亮着人类探索未知的道路。

（一）过硬的专业知识和技能

拔尖创新人才首先应具备过硬的专业知识和技能。如物理学中的爱因斯坦，他对相对论的创立，离不开其深厚的物理学专业知识以及高超的数学运算技能。在任何一个领域，专业知识是他们深入探索的基石，如同建造高楼大厦的根基，只有根基稳固，才能不断向上构建知识的大厦。这要求他们在学习过程中对本专业的理论知识有系统而深入的掌握，从基础概念到前沿研究成果，都要烂熟于心。而技能则是将知识转化为实际成果的工具，就像画家手中的画笔，能够把脑海中的创意描绘在画布上。如在工程领域，一名拔尖创新人才必须熟练掌握工程制图、实验操作等技能，才能将自己的创新理念付诸实践。"业精于勤，荒于嬉；行成于思，毁于随。"韩愈的这句名言恰如其分地强调了在专业知识和技能获取过程中勤奋和思考的重要性。只有经过长时间的深耕细作，不断积累知识并磨练技能，才能在自己的领域内崭露头角，成为佼佼者。

（二）跨学科的知识背景和多元化的思维方式

现代科学的发展呈现出多学科交叉融合的趋势，拔尖创新人才需要具备跨学科的知识背景和多元化的思维方式。例如，生物医学工程这一学科融合了生物学、医学和工程学的知识，那些在这个领域有所建树的人才，能够将生物学中的细胞结构、医学中的病理知识与工程学中的材料设计、电子技术等知识进行有机融合。这种跨学科的知识融合就像是化学中的催化剂，能够催生新的创新点。从思维方式来看，单一的思维模式往往会限制创新的视野。而多元化的思维方式，如逻辑思维与形象思维、发散思维与聚合思维的结合，能够让他们从不同的角度去审视问题。达·芬奇就是跨学科和多元思维的典范，他既是画家、雕塑家，又是发明家、科学家，他在艺术创作中融入科学原理，在科学研究中运用艺术的想象力。这种跨学科和多元思维的碰撞，使他创造出许多令人惊叹的成果。"独学而无友，则孤陋而寡闻。"跨学科的知识获取和多元思维的培养也需要与不同领域的学者交流合作，避免陷入狭隘的知识圈子。

(三) 卓越的实践能力和问题解决能力

拔尖创新人才不仅仅是理论的探索者，更是实践的推动者，必须具备卓越的实践能力和问题解决能力。在科学研究中，很多理论假设需要通过实践来验证。例如在居里夫人发现镭元素的过程中，她经过无数次的实验，从大量的沥青铀矿中提取镭。这不仅需要对放射性物质理论的深入理解，更需要精湛的实验操作能力。能够敏锐地发现问题，这是解决问题的第一步。如同在黑暗中寻找隐藏的宝藏，只有先察觉到宝藏的存在，才有可能将其挖掘出来。而通过系统的研究和实验提出有效的解决方案，则需要严谨的科学态度和科学方法。以爱迪生发明电灯为例，他在寻找合适灯丝材料的过程中，经历了上千次的实验失败，但他始终没有放弃，最终找到了钨丝这种理想的材料。这表明在实践过程中，遇到问题时要有坚韧不拔的毅力，不断尝试新的方法，直到找到最佳的解决方案。"纸上得来终觉浅，绝知此事要躬行。"陆游的这句诗深刻地揭示了实践对于知识和创新的重要性。

(四) 良好的团队合作能力和领导力

在现代科学研究和创新活动中，很少有成果是个人单独完成的，拔尖创新人才需具备良好的团队合作能力和领导力。在一个科研团队中，不同成员有着不同的专业背景和技能专长。团队合作能力能够让他们充分发挥各自的优势，实现资源的优化配置。就像一个交响乐团，每个乐手都有自己的乐器和演奏风格，但只有在指挥的统一协调下，大家齐心协力，才能演奏出美妙的乐章。而拔尖创新人才在团队中要起到核心作用，这就需要领导力，为团队指明方向，制定合理的目标和计划。例如，在航天工程团队中，团队领导者要对整个航天项目有宏观的规划，从火箭的设计制造到卫星的发射运行，都要在其领导下有条不紊地进行。"二人同心，其利断金。"良好的团队合作能够汇聚众人的智慧和力量，在拔尖创新人才的带领下，朝着共同的目标前进，从而取得更大的创新成果。

（五）高度的社会责任感和使命感

拔尖创新人才应具备高度的社会责任感和使命感。他们的创新成果不应仅仅是为了个人的荣誉和利益，更要关注社会的发展和进步。袁隆平院士就是一个具有高度社会责任感的典范，他致力于杂交水稻的研究，几十年如一日，不畏艰辛。他的创新成果解决了数以亿计人口的温饱问题，为全球粮食安全做出了巨大的贡献。这些人才深知自己的研究成果可能会对社会产生深远的影响，无论是在改善人们的生活质量、推动社会公平正义，还是在应对全球性挑战方面。"天下兴亡，匹夫有责。"在面对社会发展中的各种问题时，拔尖创新人才要有担当精神，将自己的创新能力投入到为社会谋福祉的事业中。他们致力于通过自己的创新成果为社会带来积极的变化和影响，如在环境保护领域，研发出更高效的清洁能源技术，以应对全球气候变化带来的威胁；在医疗卫生领域，研发新的药物和治疗方法，提高人们的健康水平。

总之，科学意义上的"拔尖创新人才"是具备多方面优秀品质和能力的复合型人才，在专业知识与技能、跨学科知识与思维、实践与问题解决、团队合作与领导、社会责任感与使命感等方面都有着卓越的表现。在当今全球化竞争日益激烈的时代，培养和造就更多这样的拔尖创新人才，对于推动科学技术的进步、社会的发展以及人类文明的繁荣具有不可估量的意义。各个国家和地区都应该重视教育体系的改革和完善，营造有利于拔尖创新人才成长的环境，鼓励年轻人积极追求知识和创新，为成为拔尖创新人才而努力奋斗。同时，社会各界也应该为这些人才提供更多的支持和资源，让他们能够在科学创新的道路上不断前行，发挥出最大的潜力，为人类社会的未来创造更多的奇迹。

三、培养"拔尖创新人才"的路径与方法

要培养"拔尖创新人才"，需要从教育体系、科研环境、社会氛围和国际合作与交流等多个方面入手。

（一）教育体系方面

1. 理论分析

教育体系是培养拔尖创新人才的基石。传统教育往往注重知识的灌输，而拔尖创新人才的培养需要超越这种模式。在现代社会，知识呈爆炸式增长，单纯记忆知识已无法满足创新需求。教育应更侧重于培养学生的思维能力，如批判性思维、创造性思维和系统性思维。批判性思维能让学生对既有知识进行审视，不盲目接受；创造性思维鼓励学生突破常规，提出新的观点和方法；系统性思维则有助于学生从整体上把握复杂的知识体系和问题情境。同时，教育体系还应关注学生的个性化发展。每个学生都有独特的天赋和兴趣，一刀切的教育模式难以挖掘出学生的最大潜力。

2. 实施方法

首先，课程设置要多元化和灵活化。在基础课程之外，增加大量的选修课程，涵盖科学、艺术、人文等多个领域。例如，在中学阶段就可以开设人工智

能基础、古代文明探秘、现代艺术鉴赏等课程。这些课程能够拓宽学生的视野，激发他们不同方面的兴趣。

其次，采用启发式教学方法。教师不再是知识的简单传授者，而是问题的引导者。在课堂上，通过提出有启发性的问题，引导学生自主思考和探索。例如，在物理课上，教师可以提出"如果没有摩擦力，世界会变成什么样"这样的问题，让学生展开想象并运用物理知识进行分析。

再次，建立个性化的教育评价体系。除了传统的考试成绩外，更注重学生在项目式学习、创新实践等方面的表现。例如，学生参与科技创新项目，即使最终成果并不完美，但在过程中展现出的创新思维和努力应得到高度评价。

最后，加强早期教育中的天赋挖掘。在小学阶段就通过多样化的活动和测试，发现学生在数学、语言、艺术等方面的天赋，然后提供相应的强化培养计划。

（二）科研环境方面

1. 理论分析

良好的科研环境是拔尖创新人才成长的沃土。科研环境包括硬件设施和软件环境。从硬件设施来看，先进的实验设备、充足的科研资金等是进行创新性研究的物质保障。没有这些，许多前沿的科研想法无法付诸实践。在软件环境方面，宽松自由的学术氛围、严谨的学术规范以及良好的科研合作机制至关重要。宽松自由的氛围能够让科研人员摆脱束缚，大胆提出假设和进行探索；严谨的学术规范确保科研成果的质量和可信度；良好的合作机制则有利于整合资源，发挥不同科研人员的优势。

2. 实施方法

在硬件设施建设上，政府和科研机构要加大投入。例如，建立国家层面的大型科研仪器共享平台，让更多的科研人员能够使用到高端设备，避免设备的重复购置。同时，对于科研资金的分配，要建立科学合理的评审机制。根据科研项目的创新性、可行性等多方面因素进行评估，确保资金流向最有潜力的科研项目。在软件环境营造方面，科研机构要倡导开放包容的文化，鼓励不同学术背景、不同观点的科研人员进行交流和碰撞。例如，定期举办学术沙龙，让大家在轻松的氛围中分享自己的研究成果和想法；制定严格的学术道德规范，对于学术不端行为零容忍；建立科研合作网络平台，方便科研人员寻找合作伙伴，共享科研资源。此外，为青年科研人员提供更多的发展机会，如设立专门的青年科研基金、给予青年科研人员独立领导项目的机会等。

（三）社会氛围方面

1. 理论分析

社会氛围对拔尖创新人才的培养有着潜移默化的影响。一个尊重知识、尊重创新、鼓励冒险的社会氛围能够激发人们的创新热情。当社会大众普遍认为创新是有价值的，创新者能够得到应有的尊重和回报时，会有更多的人愿意投身于创新事业。相反，如果社会对创新持保守态度，对失败缺乏包容，那么创新人才的成长就会受到抑制。同时，社会文化中的一些传统观念也可能对创新人才培养产生影响，例如过于强调稳定性、功利性等观念可能会阻碍人们对创新的追求。

2. 实施方法

首先，媒体要发挥积极的引导作用，通过宣传创新成功的案例，让更多的人了解创新的魅力和价值。同时，也要正面宣传创新过程中的失败，让大家认识到失败是创新的一部分。例如，可以报道一些创业公司在创新过程中遭遇失败，但从中吸取教训后重新崛起的故事。其次，社会应建立鼓励创新的奖励机制，不仅奖励那些取得巨大成功的创新者，也对那些在创新道路上勇敢尝试的人给予一定的激励。例如，设立地方层面的创新奖，奖励在各个领域有创新表现的个人和团队。最后，在教育普及过程中，要注重对创新文化的传播。从小学教育开始，就通过课堂教学、课外活动等多种方式，向学生传递创新的理念，培养他们的创新意识。

（四）国际合作与交流方面

1. 理论分析

在全球化的今天，国际合作与交流是培养拔尖创新人才不可或缺的环节。不同国家有着不同的文化、教育体系和科研优势。通过国际合作与交流，拔尖创新人才能够接触到世界前沿的知识、技术和理念。他们可以学习其他国家先进的教育教学方法，了解不同文化背景下的思维方式，从而拓宽自己的视野。此外，国际合作项目往往具有较高的创新性要求，参与其中能够提升人才的创新能力。同时，国际交流也有助于培养人才的国际视野和跨文化交流能力，这对于在全球范围内解决复杂的科学和社会问题至关重要。

2. 实施方法

教育机构要积极开展国际交换生项目，让本国学生有机会到国外学习，体验不同的教育模式和文化氛围，同时也吸引国外学生来本国交流学习。例如，学校之间可以建立一对一的交换生合作关系，互相派遣学生进行为期一学期或一学年的学习交流。科研机构要加强国际科研合作，联合开展跨国科研项目，共同攻克全球性的科学难题。例如，在气候变化研究领域，各国科研机构可以合作建立研究团队，共享数据和研究成果。政府要出台鼓励国际合作与交流的政策，为学生和科研人员的出国交流、参加国际会议等提供便利，如简化签证手续、提供一定的资金资助等。同时，鼓励本国的科研机构和企业与国外机构建立长期稳定的合作关系，通过合作创办实验室、联合培养人才等方式，提升本国拔尖创新人才的培养水平。此外，还可以举办国际创新大赛等活动，吸引全球的创新人才参与，为本国的创新人才提供与国际同行交流和竞争的平台。

第二节 培养"拔尖创新人才"的意义

一、科技强国发展需要

（一）高端科技发展需要

在当今全球化的时代，高端科技的发展成为了各个国家竞争的核心领域。高端科技涵盖众多尖端领域，如人工智能、量子计算、航天航空、基因工程等。以人工智能为例，它正在深刻地改变着我们的世界。从智能语音助手到自动驾驶汽车，从医疗影像诊断到金融风险预测，人工智能无处不在。然而，要在这一领域取得领先地位并非易事，需要大量的拔尖创新人才。

在量子计算领域，中国在积极探索。潘建伟团队在量子卫星通信等方面取得了举世瞩目的成绩。这些顶尖人才不仅要精通量子物理学的前沿知识，还要能够创新地将理论转化为实际应用中的技术突破。

高端科技的发展就像一场没有终点的马拉松比赛，各个国家都在奋力奔跑，而拔尖创新人才就是每个国家队伍中的领跑者。他们能够凭借独特的创新思维和深厚的专业知识，推动科技的边界不断拓展。没有这样的人才，一个国家在高端科技领域只能跟在别人后面亦步亦趋，难以在关键技术上取得自主知识产权，更无法在国际竞争中占据主动地位。

（二）社会经济发展需要

社会经济的发展是一个复杂的系统工程，拔尖创新人才在其中扮演着不可或缺的角色。在现代社会，新兴产业不断涌现，传统产业也在不断转型升级。这一过程需要大量的创新理念和创新技术来推动。

从更宏观的角度来看，创新型人才能够发现新的市场需求并创造新的供给。在共享经济兴起的时代，像共享单车、共享汽车、共享办公等模式的出现，都是创新人才对闲置资源重新配置和利用的结果。这种创新不仅满足了人们多样化的需求，还在一定程度上提高了资源的利用效率，推动了经济的发展。

社会经济的发展离不开创新，拔尖创新人才是创新的核心驱动力。他们能够敏锐地捕捉到社会发展的趋势和人们潜在的需求，从而创造出全新的产品、服务和商业模式。他们的存在可以加速产业的升级换代，提升整个社会的生产效率，促进经济的可持续发展。如果缺乏这样的人才，社会经济发展将会陷入停滞，只能在传统的模式下缓慢前行，难以应对全球经济竞争的挑战。

（三）国家政策支持

国家政策在培养拔尖创新人才方面发挥着重要的引导和支持作用。这是因为国家意识到拔尖创新人才对于国家整体发展的战略意义。

在中国，国家出台了一系列政策来鼓励和支持培养拔尖创新人才。例如，国家设立了众多的科研基金，如国家自然科学基金等，为科研人员提供资金支持，鼓励他们在前沿领域开展创新性研究。这些基金覆盖了从基础科学研究到应用技术开发的各个方面。以基础科学研究为例，对于物理学中的高能物理研究、生物学中的基因编辑研究等，国家通过基金资助，使得科研人员能够购置先进的实验设备，开展深入的研究工作。

此外，国家还制定了人才引进政策。对于海外高层次人才，提供优厚的待遇和良好的科研环境，吸引他们回国创新创业。像施一公等一批海外顶尖科学家回国后，在各自的领域发挥了巨大的引领作用，他们不仅自己开展高水平的科研工作，还培养了一大批年轻的科研人才。

国家政策的支持为拔尖创新人才的培养提供了良好的外部环境。政策就像指南针，引导着人才培养的方向；又像肥沃的土壤，为人才的成长提供养分。有了国家政策的支持，拔尖创新人才的培养才有了坚实的保障，他们能够更加专注于自己的科研和创新工作，为国家的发展贡献更大的力量。

（四）地方政府行动

地方政府在培养拔尖创新人才方面也有着积极的行动。不同地区根据自身的发展需求和资源优势，采取了各种措施。

以深圳为例，深圳作为中国的创新之都，高度重视拔尖创新人才的培养。当地政府出台了一系列的人才补贴政策，对于高层次人才给予高额的住房补贴、创业补贴等。这吸引了大量的创新人才汇聚深圳。同时，深圳还积极建设各类创新载体，如科技园区、孵化器等，为创新人才提供了良好的创业和研发环境。例如，深圳南山科技园聚集了众多的高科技企业和创新团队，从通信领域的华为到无人机领域的大疆，这里成为了创新的高地。

再看杭州，杭州在互联网产业方面有着独特的优势。地方政府通过举办各类创新创业大赛，挖掘和培养优秀的创新人才。这些大赛为创业者提供了展示项目的平台，同时也吸引了大量的投资机构关注。此外，杭州还注重对高校和科研机构的投入，加强产学研合作。浙江大学等高校在当地政府的支持下，与企业开展了广泛的合作，将高校的科研成果快速转化为实际生产力。

地方政府的行动是国家培养拔尖创新人才体系中的重要组成部分。地方政府能够根据本地的实际情况，采取针对性的措施，有助于吸引和留住人才，为人才提供更多的发展机会和空间。地方政府的积极作为能够促进本地的科技创新和经济发展,进而提升整个国家的创新能力。

(五)社会对人才期待

社会对拔尖创新人才有着强烈的期待。随着社会的不断进步,人们对生活质量、科技水平、文化内涵等方面的要求越来越高。

在医疗领域,人们期待着能够有更多的创新型医疗人才研发出更有效的治疗方法和药物。例如,癌症一直是威胁人类健康的重大疾病,社会迫切需要拔尖创新人才在癌症的早期诊断、靶向治疗等方面取得突破。在教育领域,随着教育理念的不断更新,社会希望有创新型的教育人才能够探索出更适合学生发展的教育模式,以打破传统教育的束缚,培养出具有创新思维和综合素养的学生。在文化产业方面,人们期待着创新人才能够挖掘和传承优秀的传统文化,并将其与现代科技相结合,创造出更多富有创意的文化产品。如故宫文创产品的火爆,就是创新人才将故宫的文化元素与现代的设计理念、营销手段相结合的结果。

社会对拔尖创新人才的期待反映了社会发展的需求。这种期待是一种驱动力,促使更多的人努力成为拔尖创新人才,也促使社会各界更加重视人才的培养。拔尖创新人才能够满足社会在各个领域不断提升的要求,为社会的进步和发展注入新的动力。

二、自我成长内在需要

(一)强烈的好奇心与求知欲

拔尖创新人才的自我成长首先离不开强烈的好奇心与求知欲。好奇心是一种对未知事物的本能探索冲动,它如同黑暗中的烛光,引导着创新者不断深入知识的迷宫。拥有好奇心的人对周围世界的一切都充满疑问,他们不满足于表面的现象,而是渴望挖掘事物背后的原理本质。在科学研究领域,好奇心驱使他们主动去学习、去探索，不放过任何一个可能蕴含新知识的细节。

求知欲则是在好奇心的基础上进一步升华的需求。具有强烈求知欲的拔尖创新人才，不会仅仅满足于已有的知识体系，会不断挑战知识的边界。他们积极参加各种学术交流、阅读前沿的研究报告、尝试新的实验方法等。因为他们深知，知识是创新的基石，只有不断积累知识，才能在这个基础上进行创新。在北京大学和清华大学每周都有大师参与的学术交流会，这些顶尖学者正是通过学术交流与志同道合者一起探索科学的奥秘。而且，这种求知欲不仅仅局限于自己擅长的领域，他们往往对多个学科都有着浓厚的兴趣，跨学科的知识积累能够提供独特的创新视角，让他们能够在不同学科的交叉点上发现新的问题和解决方案。

（二）坚韧不拔的毅力

拔尖创新人才在自我成长过程中必然需要坚韧不拔的毅力。创新之路布满荆棘，充满了无数的挑战和失败。没有毅力的支撑，很难在这条道路上走得长远。以爱迪生发明电灯为例，他经历了无数次的失败，换作常人可能早就放弃了，但爱迪生凭借着顽强的毅力坚持下来。

这种毅力体现在面对困难时不退缩的决心。无论是学术研究中遇到复杂的理论难题，还是创业过程中面临资金短缺、市场竞争等问题，拔尖创新人才都能稳住心态，冷静应对。他们把困难视为成长的阶梯，每一次克服困难都是一次能力的提升。

同时，毅力也表现在长期专注于目标的能力上。创新项目往往需要长时间的投入，可能是数年甚至数十年。在这个过程中，需要持续地付出精力和心血。例如一些基础科学研究，如对暗物质的探索，科学家们可能终其一生都在做相关的研究，但他们依然坚守在岗位上。这种长期的专注是对毅力的极大考验，只有具备坚韧不拔毅力的人才能够在创新的道路上持续前行，不断突破自己的极限，向着目标不断迈进。

（三）独立思考与批判性思维

独立思考和批判性思维是拔尖创新人才自我成长的关键内在需要。独立思考意味着能够摆脱传统观念和大众思维的束缚，从自己的角度去审视问题。在信息爆炸的时代，我们每天都会接收到大量的信息，如果缺乏独立思考能力，就容易人云亦云，随波逐流。拔尖创新人才能够在众多信息中筛选出有价值的部分，并基于自己的思考进行判断。例如在艺术创作领域，画家梵高的画作风格在当时并不被大多数人所理解，但他坚持自己独特的艺术视角，独立思考画面的构图、色彩的运用等，最终创造出了极具艺术价值的作品。

批判性思维则是对现有的知识、理论、方法等进行深入的质疑和反思。它不是简单的否定，而是在深入分析的基础上寻找更合理、更优化的解决方案。在学术研究中，对于已有的研究成果，拔尖创新人才会从不同的角度去分析其合理性和局限性。比如爱因斯坦在质疑牛顿力学在高速微观情况下的适用性的基础上，提出了相对论，从而极大地推动了物理学的发展。这种独立思考和批判性思维能够让他们在创新过程中发现新的研究方向，避免重复前人的错误，以一种全新的视角去解决问题，从而实现真正的创新突破。

（四）高度的自我管理能力

拔尖创新人才自我成长离不开高度的自我管理能力。自我管理包括时间管理、情绪管理和目标管理等多个方面。首先，时间管理是至关重要的。他们深知时间是最宝贵的资源，每一分钟都可能孕育着创新的机会。他们会制订详细的计划，合理分配时间用于学习、研究、实践等不同的活动。其次，在创新的道路上难免会遇到挫折，可能是实验失败、作品被拒等情况，这时候能够有效地管理自己的情绪就显得尤为重要。他们不会被消极情绪所左右，而是能够迅速调整心态，将挫折转化为前进的动力。当面对外界的压力和质疑时，也能保持内心的平静，专注于自己的创新工作。最后，目标管理也是自我管理的关键部分。拔尖创新人才会明确自己的长期目标和短期目标，并且能够根据实际情况对目标进行调整。他们知道自己想要达到什么样的创新成果，然后通过一步步的努力去实现这些目标。这种高度的自我管理能力能够让他们在自我成长的道路上有条不紊地前进，充分发挥自己的潜力，提高创新的效率和质量。

三、社会进步必然趋势

（一）科技进步的需求

在当今时代，科技发展日新月异。从信息技术的飞速发展，如人工智能、大数据、量子计算等领域的不断突破，到生物技术在基因编辑、疾病治疗方面的巨大成就，每一项科技成果的背后都离不开拔尖创新人才的智慧和创造力。

以人工智能为例，它涉及计算机科学、数学、神经科学等多个学科的交叉融合。开发出更加智能、高效、人性化的人工智能系统，需要那些在算法设计、模型构建方面具有独特见解的拔尖创新人才。他们能够深入研究神经网络的结构，优化算法的效率，从而推动人工智能从实验室走向更广泛的社会应用，如智能交通、智能家居等领域。在量子计算方面，这是一个极其复杂且前沿的领域，只有顶尖的物理学家、数学家和工程师协同合作，才有可能攻克量子比特的稳定控制、量子算法的优化等关键难题，进而实现量子计算的实用化，为密码学、材料科学等众多领域带来革命性的变革。

科技的进步就像一场永无止境的马拉松，而拔尖创新人才则是跑在最前列的选手，他们能够引领科技发展的方向，带动整个社会朝着更加智能化、高效化的方向发展。如果缺乏这样的人才，科技发展将会停滞不前，社会也难以享受到科技进步带来的巨大福利。

（二）经济竞争力的提升

在全球化的经济格局下，国家和地区之间的经济竞争愈发激烈，拔尖创新人才在提升经济竞争力方面发挥着不可替代的作用。

在新兴产业领域，例如新能源汽车产业，拔尖创新人才能够在电池技术创新、自动驾驶系统研发、车辆轻量化设计等方面取得关键突破。他们可以开发出能量密度更高、充电速度更快的电池，使新能源汽车的续航里程大幅提升，从而增强产品的市场竞争力。在传统产业升级方面，以制造业为例，拔尖创新人才能够引入先进的生产技术和管理理念，如工业 4.0 中的智能制造技术，将传统的制造工厂转变为高度自动化、智能化的生产车间。通过优化生产流程、提高生产效率、降低生产成本，使得传统制造业在全球产业链中重新占据优势地位。

从宏观经济层面来看，一个地区拥有大量的拔尖创新人才，就更容易吸引投资、汇聚资源。因为拔尖创新人才往往是创新项目的核心力量，他们的存在意味着更多的创新成果和商业机会。

（三）应对全球性挑战的需要

当今世界面临着诸多全球性挑战，如气候变化、资源短缺、公共卫生危机等，这都需要拔尖创新人才来寻找解决方案。

在气候变化方面，拔尖创新人才可以从多个角度入手。能源领域的拔尖创新人才致力于开发可再生能源技术，如高效太阳能电池、风力发电技术的改进等，以减少对传统化石能源的依赖，降低温室气体排放。建筑领域的拔尖创新人才则研究和推广绿色建筑设计理念，采用新型建筑材料和节能技术，使建筑物在全生命周期内实现节能减排。在应对资源短缺问题上，材料科学领域的拔尖创新人才不断探索新材料的合成和应用。例如，开发可替代稀有金属的新型材料，提高资源的利用效率，或者研发出更高效的水资源净化和循环利用技术，缓解水资源短缺的压力。

公共卫生危机更是凸显了拔尖创新人才的重要性。他们会关注到公共卫生体系的建设，从疾病监测预警、医疗资源分配到社区防控策略等方面进行创新研究，以提高整个社会应对突发公共卫生事件的能力。

（四）文化传承与创新

拔尖创新人才在文化传承与创新方面也扮演着重要的角色。

文化传承方面，文化领域的拔尖创新人才能够深入挖掘传统文化的内涵和价值。例如，考古学家通过对古代遗址、文物的发掘和研究，揭示古代文明的奥秘，让历史文化得以重现。民俗学家则深入民间，收集、整理和保护各地的民俗文化，如传统手工艺、民间故事等，防止这些珍贵的文化遗产随着时代的发展而消失。同时，他们能够以现代的方式将传统文化进行展示和传播，如利用虚拟现实技术让观众身临其境地体验古代文化场景，或者通过网络平台推广民间艺术，使传统文化在新时代焕发出新的活力。

在文化创新方面，拔尖创新人才能够融合多元文化元素，创造出具有时代特色的新文化产品。文学领域的拔尖创新人才突破传统文学的写作模式，结合现代社会的热点话题和新兴价值观，创作出具有广泛影响力的作品。影视行业的创新人才则将不同文化背景的故事元素进行整合，打造出富有创意的影视作品。此外，在文化创意产业中，拔尖创新人才能够开发出各种具有文化内涵的创意产品，如以传统文化为主题的文创周边，既推动了文化产业的发展，又促进了文化的传播与交流。

拔尖创新人才的培养是社会发展的必然趋势，他们在科技进步、经济竞争力提升、应对全球性挑战以及文化传承与创新等多方面都有着不可替代的重要意义。只有重视并积极培养拔尖创新人才，社会才能不断向前发展，走向更加繁荣、和谐与可持续的未来。

第三节　国内拔尖创新人才培养现状

一、学前教育和初等教育阶段拔尖创新人才的发现与培养

我国学前教育和初等教育阶段拔尖创新人才的发现与培养是一个逐步深化的过程，涉及教育理念、政策支持、实践措施等多方面的内容。尽管在这个阶段拔尖创新人才的培养与发掘还处于起步和探索阶段，但随着教育改革的推进，相关理论和实践逐渐成熟。

1. 学前教育阶段的创新人才发现与培养

学前教育是儿童认知、情感和社会能力发展的关键时期。在这个阶段，儿童的大脑具有高度的可塑性。对于创新人才的发现与培养，主要基于儿童的好奇心、想象力和探索欲。好奇是创新的起点，幼儿对周围世界充满好奇，他们不断地提问、探索，这是创新思维的萌芽。想象力则是创新的翅膀，学前儿童可以在游戏、故事等活动中自由发挥想象，构建出独特的世界。例如，在建构游戏中，幼儿能够根据自己的想法搭建出各种造型的建筑，这就是一种创新的表现。

但是，因为学前教育师资队伍素质参差不齐。部分教师缺乏对创新教育的深入理解，在教学过程中过于注重知识的传授，而忽视了儿童创新思维的激发。再就是教育资源分配不均衡。城市地区的学前教育机构往往能够提供丰富的教具、活动空间等资源，而农村地区则相对匮乏。另外，家长对学前教育的认识

存在偏差。很多家长过于强调学前知识的学习，如过早地让孩子学习拼音、算术等，而忽略了孩子创新能力的培养，将学前教育小学化，限制了儿童的想象力和探索欲。

2. 初等教育阶段的创新人才发现与培养

初等教育阶段（小学）是儿童系统学习知识的开端，也是创新人才培养的重要阶段。在这个时期，儿童开始形成逻辑思维能力。创新人才的发现与培养应基于学科知识与实践能力的结合。通过学科知识的学习，儿童建立起对世界的基本认知框架，然后在实践活动中，如科学实验、社会调查等，运用所学知识解决实际问题，从而培养创新思维。同时，小学阶段也是培养儿童兴趣爱好的关键时期，丰富的兴趣爱好可以拓宽儿童的视野，为创新提供更多的灵感来源。

以北京市的某些小学开展的科技创新教育为例。这些学校设立了专门的科技创新实验室，配备了专业的教师和丰富的实验设备。在课程设置上，除了正常的学科课程外，还开设了机器人编程、航模制作等科技创新课程。学生们在这些课程中，通过小组合作完成一个个项目。例如，在机器人编程课程中，学生们需要设计机器人的功能、编写程序，使机器人能够完成特定的任务，如走迷宫、搬运物体等。在这个过程中，学生们不仅掌握了编程知识和机器人原理，还培养了创新思维和团队合作能力。这些学生在参加各类科技创新比赛中取得了优异的成绩，并且在今后的学习和生活中更善于运用创新思维解决问题。

但是，由于传统的教育评价体系的束缚，小学阶段的教育评价仍然以考试成绩为主，这就导致教师和家长过于关注学生的分数，而忽视了学生创新能力的培养。教师为了提高学生的考试成绩，往往采用传统的灌输式教学方法，学生缺乏自主思考和探索的机会。另外，课程设置缺乏灵活性。虽然一些学校开设了创新课程，但整体课程体系仍然以学科知识为主，创新课程的课时较少，而且缺乏系统性的规划。再就是社会环境对小学创新教育的支持不足。例如，适合小学生参与的科技创新活动场所较少，社会、企业对小学创新教育的投入也比较有限。

3. 政策支持与教育改革

近年来，国家和地方政府对学前教育和初等教育的改革不断加大力度，为拔尖创新人才的培养提供了更加广阔的政策环境。学校可以将更多精力集中在创新教育、个性化教育、兴趣发展等方面，而不仅仅是应试教育。

《中国教育现代化2035》规划中明确提出了提高教育质量、加强创新人才培养的目标，强调要通过改革教育内容、教学方法等来推动创新型人才的发现与培养。

在宏观层面，政策可以确立创新人才培养的战略目标，明确各个教育阶段的任务和要求。在微观层面，政策可以对师资队伍建设、课程设置、教学方法等方面提出具体的指导意见。教育改革则是实现创新人才培养的必然途径。通过改革传统的教育模式，建立以学生为中心、注重创新能力培养的新型教育模式，可以更好地适应社会发展对创新人才的需求。

我国学前教育和初等教育阶段的拔尖创新人才培养正处于逐步探索与发展之中。从学前教育的兴趣激发、个性发展，到小学阶段的知识传授与创新能力培养，再到政策上的支持与学校实践，拔尖创新人才的培养已经成为教育改革的重要组成部分。在未来，随着教育理念的不断进步和改革深化，我国学前和初等教育阶段的创新人才培养将更加系统化、个性化，朝着更加多元和深入的方向发展。

二、高中教育阶段拔尖创新人才的选拔与培养

1. 培养的意义

对于学校而言，拔尖创新人才的培养是提升学校竞争力和影响力的重要途

径。其一，培养拔尖创新人才能够提升学校的品牌形象。像北京市十一学校，以其独特的教育理念和创新的人才培养模式，在全国乃至国际上都享有较高的声誉。学校通过为拔尖创新人才提供个性化的教育方案，在各类学科竞赛、科技创新活动中取得优异成绩，吸引了众多优秀学生报考，也得到了社会各界的广泛关注和认可。其二，拔尖创新人才的培养有利于学校教育教学改革。在培养这些人才的过程中，学校需要不断探索新的课程设置、教学方法和评价体系。例如，成都市第七中学在培养拔尖创新人才时，积极开展校本课程开发，设立了丰富的选修课程，满足学生的个性化学习需求；同时，在教学方法上采用项目式学习、小组合作学习等方式，激发学生的创新思维。这些改革举措不仅有利于拔尖创新人才的成长，也会带动整个学校教育教学质量的提升。其三，培养拔尖创新人才有助于学校营造良好的校园文化氛围。这些学生往往具有强烈的好奇心、求知欲和探索精神，他们在校园内能够带动更多的同学积极参与学术研究、科技创新等活动，形成一种积极向上、勇于创新的校园文化。这种文化氛围又会反哺学校的教育教学工作，吸引更多优秀的教师加入，形成一个良性循环。

  对于学生个人来说，成为拔尖创新人才的培养对象具有诸多积极影响。一方面，个性化的培养方案有助于学生充分发挥自己的潜力。在高中阶段，学生的兴趣和特长开始显现，拔尖创新人才培养体系能够根据学生的特点为其量身定制学习计划。例如，江苏省天一中学为具有学科特长的学生提供专门的竞赛辅导课程，同时也为对科技创新感兴趣的学生提供实验室资源和导师指导。这样，学生可以在自己擅长的领域深入学习和研究，不断挖掘自身的潜力。另一方面，拔尖创新人才培养能够拓宽学生的视野，使他们有机会参加各种高端学术讲座、国际交流活动等。济南市历城第二中学经常组织学生参加国际教育交流项目，与国外优秀学生进行交流合作，使学生可以接触到不同的文化、教育理念和前沿知识，从而激发他们的创新思维和全球视野。

此外，这种培养模式也有助于学生提升综合素质。在培养过程中，学生不仅要在学术上取得优异成绩，还需要具备良好的团队协作能力、沟通能力、领导力等。例如在各类科技创新项目中，学生需要与团队成员合作完成项目，这就要求他们学会倾听他人意见、合理分配任务、协调团队关系等，这些能力对学生未来的发展至关重要。

2. 培养的模式与途径

（1）主要模式介绍

分层教学是根据学生的学习能力、兴趣和发展潜力将学生分为不同层次进行教学。这种模式的优势在于能够满足不同层次学生的学习需求，使教学更具针对性。例如，在化学教学中，可以将学生分为基础层、提高层和拓展层。基础层的学生注重基础知识的巩固和基本技能的训练；提高层的学生在掌握基础知识的基础上进行知识的深化和拓展；拓展层的学生则侧重于化学竞赛知识和前沿化学问题的研究。这种分层教学模式能够让每个学生在自己的能力范围内得到最大程度的发展。

导师制是为学生配备专门的导师，根据学生的个性特点、兴趣爱好和发展方向，对学生进行个性化的指导。导师的职责包括学业指导、生涯规划、科研项目指导等。比如，在一些学校的科技创新人才培养中，导师会带领学生参与自己的科研项目，让学生在实践中学习科学研究的方法，培养学生的创新能力。导师还会根据学生的学科成绩和兴趣特长，为学生制订个性化的学习计划，指导学生选择适合自己的选修课程和参加相关的竞赛活动。

项目式学习是以项目为载体，让学生通过解决实际问题来学习知识和技能的一种教学模式。在这种模式下，学生组成团队，针对某个具体的项目进行调研、设计、实施和评价。例如，在环境科学的项目式学习中，学生团队可能会选择"校园垃圾分类与资源回收利用"这一项目。他们需要先对校园垃圾的现状进行调查研究，然后设计垃圾分类的方案，实施垃圾分类的措施，并对垃圾分类的效果进行评价。在这个过程中，学生不仅学到了环境科学的知识，还锻炼了团队协作能力、问题解决能力和创新能力。

（2）名校培养模式举例

北京市十一学校以其独特的选课走班制而闻名。在这种模式下，学校提供了丰富的课程供学生选择，包括基础课程、拓展课程和荣誉课程等。学生根据自己的兴趣、能力和未来发展方向，自主选择课程和学习进度。例如，在化学学科方面，有针对不同层次学生的多种课程选择，从基础化学到化学竞赛课程。同时，学校还注重学生的综合素质培养，开展了大量的社团活动、社会实践活动等。另外，学校还建立了导师制，导师会根据学生的选课情况和学习状况，为学生提供个性化的指导，帮助学生规划学业和未来发展方向。

成都市第七中学在拔尖创新人才培养方面有着丰富的经验。学校采用了多元化的培养模式，其中学科竞赛培养是其重要特色之一。学校拥有一支优秀的竞赛教练团队，为具有学科特长的学生提供系统的竞赛辅导。例如，在化学竞赛方面，教练会从初中开始选拔有潜力的学生，然后进行长期的、有针对性的培训。除了竞赛培养，成都七中也非常重视学生的综合素质提升。学校开展了各种科技创新活动、文化艺术活动等，为学生提供了广阔的发展空间。同时，学校还积极与国内外知名高校和科研机构合作，为学生提供更多的学习资源和实践机会。

江苏省天一中学注重构建个性化的人才培养体系，根据学生的兴趣爱好和学科特长，设立了多个特色班级，如"强化班""国际班""艺术班"等。在每个特色班级中，又根据学生的具体情况进行分层教学和个性化辅导。例如，在"强化班"中，针对学科成绩优秀且有科研兴趣的学生，学校会为他们提供参与科研项目的机会，与高校和科研机构合作，让学生在高中阶段就能接触到前沿的科研课题。此外，学校还重视学生的心理健康教育和生涯规划指导，通过开展心理健康课程和生涯规划讲座等形式，帮助学生树立正确的人生观、价值观和职业观。

济南市历城第二中学以严格的管理和卓越的教学质量在拔尖创新人才培养方面取得了显著成绩。学校注重基础学科的教学，通过高效的课堂教学和严格的课后辅导，确保学生在基础知识方面扎实稳固。同时，学校积极开展科技创新教育，建立了多个科技创新实验室，为学生提供了良好的科技创新实践平台。例如，在机器人实验室，学生可以参与机器人的设计、制作和编程等工作，锻炼自己的动手能力和创新思维。此外，学校还注重培养学生的文化艺术素养，开展了丰富多彩的文化艺术活动，如书法、绘画、音乐等社团活动，促进学生的全面发展。

3. 培养的新方向和渠道

（1）跨学科融合培养

随着科学技术的发展，许多重大问题的解决需要跨学科的知识和方法。在高中教育阶段，跨学科融合培养拔尖创新人才是一个新的方向。例如，在环境问题的研究中，既需要化学知识来分析污染物的成分和性质，又需要生物学知识来研究生态系统的平衡，还需要地理学知识来了解环境的地域差异等。学校可以通过开设跨学科课程，如"环境科学与可持续发展"课程，将化学、生物学、地理学等学科知识融合在一起，让学生从多个角度去认识和解决环境问题。

在教学方法上，学校可以采用项目式学习的方式，让学生围绕一个跨学科的项目进行学习和研究。例如，以"城市交通拥堵问题的解决方案"为项目，学生需要综合运用数学的建模知识、物理学的力学知识、计算机科学的编程知识以及社会学的城市规划知识等。通过这样的跨学科项目式学习，学生能够打破学科界限，培养综合运用知识的能力和创新思维。

（2）线上线下混合式培养

互联网技术的发展为教育带来了新的机遇，线上线下混合式培养成为拔尖创新人才培养的新渠道。线上教育资源丰富多样，有许多优质的在线课程平台，如中国大学MOOC、网易云课堂等，这些平台提供了大量的学术讲座、课程视频等学习资源。学校可以引导学生利用这些线上资源进行自主学习，拓宽学生的学习渠道。

例如，对于一些对大学先修课程感兴趣的学生，他们可以通过线上平台学习大学的微积分、物理等课程，提前接触大学知识，为未来的学习和研究打下坚实的基础。同时，线下的课堂教学仍然是不可替代的，教师可以在线下课堂对学生线上学习的内容进行答疑解惑、组织讨论和深入探究。例如，在学生通过线上学习了某个数学定理后，教师可以在线下课堂引导学生进行定理的证明和应用，组织学生进行小组讨论，加深学生对知识的理解。这种线上线下混合式的培养模式能够充分发挥线上和线下教育的优势，提高拔尖创新人才培养的效率和质量。

三、高等教育阶段拔尖创新人才的选拔与培养

1. 普通高等学校的拔尖创新人才选拔与培养

在我国普通高等学校中，拔尖创新人才的选拔与培养呈现出多样化的模式。

（1）清华大学

清华大学的"清华学堂人才培养计划"是其选拔和培养拔尖创新人才的重

要举措。在选拔方面，该计划面向全校新生进行严格筛选，注重考查学生的学科特长、创新思维和学习潜力。例如，通过学科竞赛成绩优异者可获得优先推荐资格，同时还要经过严格的笔试和面试环节。在培养模式上，采用"小班化"教学，配备顶尖的师资力量，为学生提供个性化的培养方案。课程设置上，强调学科交叉融合，开设了大量的前沿性课程，让学生接触到本学科以及相关学科的最新研究成果。如在数学班，不仅有深入的纯数学课程，还会涉及数学在物理学、计算机科学等领域的应用课程，拓宽学生的视野，培养其综合运用知识解决复杂问题的能力。

（2）北京大学

北京大学的"元培学院"在拔尖创新人才培养方面独具特色。元培学院的选拔不拘泥于高考成绩，对于在某些学科领域有独特见解和创新能力的学生给予特别关注。其培养模式强调自由选择专业方向，学生可以在入学后的一段时间内根据自己的兴趣和特长，在全校范围内选择专业课程。这给予了学生极大的自主性，有利于挖掘他们的内在潜力。例如，有的学生入学时对生物感兴趣，但在学习过程中发现自己对哲学也有浓厚的兴趣，便可以同时选修生物和哲学的课程，最终可能形成独特的跨学科研究方向，如生物伦理学方向的研究。同时，元培学院还注重国际化培养，与世界多所顶尖高校开展交换生项目，让学生在不同的学术文化氛围中学习和交流，提升国际视野。

（3）中国科学院大学

中国科学院大学依托中国科学院强大的科研资源，在拔尖创新人才选拔培养方面有着天然的优势。其选拔注重学生的科研素养和对科学研究的热情，在本科招生中，会对有科研项目参与经历、在科技创新竞赛中表现突出的学生给予青睐。在培养过程中，采用"院所融合"的模式，让学生可以直接参与到中国科学院各个研究所的科研项目中。例如，在物理学专业的培养中，学生有机会进入中国科学院物理所的实验室，跟随顶尖的科学家进行前沿课题的研究。这种实践与理论相结合的方式，使学生能够迅速掌握科研方法，提高创新能力。而且，中国科学院大学的课程设置与科研需求紧密结合，很多课程是由一线科研人员讲授，内容涵盖最新的科研成果和研究动态。

（4）南方科技大学

南方科技大学以创新的教育理念进行拔尖创新人才的选拔与培养。在选拔上，采用基于高考的综合评价录取模式，除了高考成绩外，还注重学生的综合素质，包括面试中的表现、创新思维测试结果等。其培养模式强调国际化和创新实践。学校与许多国际知名高校建立了合作关系，开展联合培养项目。在课程设置方面，注重科学与工程的融合，鼓励学生进行跨学科的学习和研究。例如，在环境科学与工程专业，学生不仅要学习环境科学的基础理论知识，还要掌握工程技术手段来解决环境问题，并且学校会提供大量的实践机会，让学生参与到实际的环境治理项目中，培养学生的实际操作能力和创新思维。

普通高等学校的这些拔尖创新人才选拔与培养模式各有特色，但都以选拔具有创新潜力的学生为起点，通过个性化的培养方案、优质的师资力量、前沿的课程设置和丰富的实践机会等多种手段，培养出具有国际视野、创新能力和综合素养的拔尖创新人才。这些模式的实施为我国高等教育培养顶尖人才提供了宝贵的经验，也为我国在国际科技竞争中占据有利地位奠定了坚实的基础。

2. 高等职业学校的拔尖创新人才的选拔与培养

（1）深圳职业技术大学

深圳职业技术大学在拔尖创新人才选拔与培养方面走出了一条具有特色的道路。选拔上，一方面注重学生的职业兴趣和技能基础。例如，对于报考某些特色专业如机器人技术专业的学生，学校会考查学生在高中阶段是否有相关的科技制作经历或者对机器人技术的了解程度。另一方面，学校也重视学生的综合素质，包括团队协作能力和创新意识等。在培养模式上，实行"工学交替"的模式，即学生在学习期间会交替进行理论学习和企业实践。以该校的服装设计专业为例，学生在学校学习服装设计的理论知识、面料知识等课程后，就会进入合作的服装企业，参与到实际的服装设计、制版、生产流程中。在企业实践过程中，学生可以了解到市场需求和行业最新动态，然后带着这些问题回到学校继续学习改进。学校还建立了校内的实训基地，模拟真实的企业工作环境，让学生在学校内就能进行实践操作。

（2）河南科技职业大学

河南科技职业大学的拔尖创新人才选拔培养模式围绕地方产业需求展开。在选拔过程中，会结合当地产业结构特点，对有志于从事相关产业工作的学生进行重点关注。例如，当地医药产业较为发达，学校在选拔医药相关专业学生时，会优先考虑有化学基础、对医药研发有兴趣的学生。在培养方面，学校采用"产教融合"模式，与当地的医药企业、机械制造企业等建立深度合作关系。以机械制造专业为例，学校与企业共同制订人才培养方案，企业的技术人员会到学校授课，传授实际生产中的工艺和技术，同时学校的教师也会到企业进行挂职锻炼，提高实践教学能力。学生还会参与到企业的技术研发项目中，如帮助企业改进机械制造工艺，提高生产效率等。这种模式使学生毕业后能够迅速适应企业工作环境，成为企业急需的创新型技术人才。

（3）兰州石化职业技术大学

兰州石化职业技术大学以石化行业为依托，在拔尖创新人才选拔培养上有着鲜明的行业特色。选拔时，注重学生的化学基础和对石化行业的热爱程度。

对于石油化工专业的学生，学校会考查学生在化学学科方面的成绩以及对石化行业发展的认识。在培养模式上，采用"校中厂、厂中校"的模式。所谓"校中厂"，就是在学校内建立模拟石化生产流程的实训基地，让学生在校园内就能进行实际操作训练。"厂中校"则是让学生到石化企业中进行实习，企业为学生提供真实的工作岗位和实践指导。例如，在石油炼制技术专业的培养过程中，学生在学校的实训基地学习石油炼制的基本原理和操作流程后，再到石化企业的炼油车间进行实习，深入了解实际生产中的各种问题和解决方案，提高学生的实践能力和创新思维能力，为石化行业培养高素质的拔尖创新人才。

高等职业学校的拔尖创新人才选拔与培养模式紧密围绕职业技能培养、地方产业需求和行业特色展开，注重学生的职业兴趣，通过与企业深度合作、建立校内校外实训基地等方式，为社会培养出大量具有扎实专业技能、创新能力和职业素养的拔尖创新人才，满足了我国不同产业对高素质技术技能型人才的需求。

3. 培养的新方向和渠道

（1）跨学科融合培养

随着现代科技的发展，学科之间的界限越来越模糊，跨学科融合成为拔尖创新人才培养的一个新方向。在高校中，跨学科融合培养可以体现在课程设置和科研项目上。例如，许多高校开始设立生物信息学专业，融合了生物学和计算机科学的知识。学生既要学习生物学中的基因工程、蛋白质组学等知识，又要掌握计算机科学中的数据挖掘、算法设计等技术。在科研项目方面，以应对气候变化为例，这需要多学科的知识共同参与。气象学、环境科学、生态学、经济学等学科的专家和学生需要共同合作。气象学家提供气候变化的基础数据，环境科学家分析环境变化的影响，生态学家研究生物多样性的变化，经济学家则评估应对气候变化的经济成本和效益。通过这样的跨学科项目，学生能够拓宽视野，学会从不同的角度思考问题，提高综合解决复杂问题的能力。同时，跨学科融合也体现在培养机构的设置上。一些高校成立了跨学科研究中心或学院，如上海交通大学的致远学院，整合了多个学科的资源，吸引不同学科背景的学生和教师共同参与。在这里，学生可以自由选择跨学科的课程，参与跨学科的研究项目，在不同学科思想的碰撞中激发创新思维。

（2）线上线下混合式培养

互联网技术的发展为拔尖创新人才培养开辟了新的渠道，线上线下混合式培养模式逐渐兴起。线上学习平台为学生提供了丰富的学习资源。例如，Coursera、EdX等国际知名在线学习平台，以及国内的中国大学MOOC等平台，提供了来自世界各地顶尖高校和机构的课程。学生可以根据自己的兴趣和需求，在线学习国外名校的前沿课程，如斯坦福大学的人工智能课程、麻省理工学院的物理学课程等。这些课程不仅有优质的教学视频，还有在线作业、测试和论坛等互动功能，方便学生学习和交流。

线下学习则注重实践操作和面对面的交流互动。以高校的实验室实践和小组讨论为例，在实验室中，学生可以亲手操作仪器设备，进行实验研究；小组讨论则可以促进学生之间的思想交流和团队协作。通过线上线下相结合的方式，学生可以充分利用线上资源进行知识的广泛获取，同时通过线下的实践和交流加深对知识的理解和应用。例如，在工程类专业的培养中，学生可以在线上学习工程设计理论知识，然后在线下的实验室中进行工程模型的制作和测试。这种混合式的培养模式能够提高学习效率，培养学生的自主学习能力和创新能力。

4. 国家或者政府政策支持

（1）教育政策倾斜

国家和政府通过一系列教育政策倾斜来支持高等教育阶段拔尖创新人才的

选拔与培养。

在招生政策方面，国家出台政策鼓励高校在选拔拔尖创新人才时多元化考量。例如，自主招生政策（虽然目前有所调整，但体现的理念仍然存在），允许高校在一定范围内根据自身的学科特色和培养目标，自主选拔具有学科特长和创新潜质的学生。这使得高校能够突破传统高考分数的单一限制，选拔到更适合拔尖创新人才培养的苗子。像复旦大学在自主招生中，对于在数学、物理等学科竞赛中表现突出的学生给予优惠政策，吸引了大量具有学科天赋的学生报考。

在教育资源分配上，政府对重点高校和特色高校在拔尖创新人才培养方面给予更多的资金和政策支持。例如，"双一流"建设政策，政府对入选的高校在科研项目、师资队伍建设、学科建设等方面加大投入。清华大学、北京大学等高校在"双一流"建设中获得了大量的资金支持，用于建设一流的实验室、引进顶尖的人才等，这些资源的投入为拔尖创新人才的培养提供了坚实的物质基础和师资保障。

（2）科研项目与资金支持

国家通过设立各类科研项目并提供资金支持，促进高等教育阶段拔尖创新人才的培养。

国家自然科学基金、国家社会科学基金等项目为高校教师和学生提供了广阔的科研平台。在这些项目的申报和实施过程中，鼓励高校教师带领学生参与科研工作。例如，国家自然科学基金中的青年基金项目，很多高校的青年教师在申请到该项目后，会吸收有潜力的学生参与到项目研究中。这不仅提高了学生的科研能力，还培养了他们的创新思维。同时，政府还设立了专门针对学生的科研项目，如大学生创新创业训练计划项目。这个项目给予学生一定的资金支持，让学生自主开展科研创新活动。学生可以根据自己的兴趣和专业知识，选择课题进行研究，从项目的申报、实施到结题，都由学生自主负责。在这个过程中，学生的创新能力、团队协作能力和项目管理能力都得到了锻炼。

此外，政府还出台政策鼓励企业与高校合作开展科研项目，并对合作项目给予资金补贴。这种产学研合作模式为拔尖创新人才培养提供了新的途径。例如，华为公司与多所高校合作开展 5G 技术相关的科研项目，高校的学生可以参与到项目中，了解到行业的前沿技术需求，同时也能将自己的科研成果应用到实际生产中，提高了学生的实践能力和创新能力，为培养适应社会需求的拔尖创新人才创造了良好的政策

四、近几年我国拔尖创新人才培养的成果

近年来，我国在拔尖创新人才培养方面取得了一系列显著的成果，体现了在教育体系、政策支持、人才选拔与培养模式等多个方面的持续努力和进展。以下是近几年我国在这一领域取得的主要成果：

1. 教育体系的创新与优化

（1）"双一流"建设：自 2017 年起，教育部启动了"双一流"建设计划（世界一流大学和一流学科）。该计划不仅聚焦高等教育，还涵盖了拔尖创新人才的培养。在"双一流"高校中，特别注重培养创新型人才，推动高水平学科建设和跨学科融合。例如，清华大学、北京大学等高校的工程、科技、医学、艺术等学科，通过精英培养机制，已培养出大量具有国际影响力的拔尖人才。

（2）"基础学科拔尖学生培养计划"（"中西部高校基础能力建设工程"）：该计划于 2017 年实施，主要面向具有创新潜力的学生，注重基础学科（如数学、物理、化学等）的深入培养。通过创新性课程、国际化合作和科研支持，为学生提供了更高水平的学习平台。这一计划帮助一些优秀学生进入高水平研究领域，培养了大量的拔尖创新人才。

(3)高校创新人才培养模式改革：许多重点高校进行了一系列拔尖创新人才培养模式的改革，如"宽口径、厚基础、强能力"的教育理念逐渐普及，注重学生的综合素质提升。同时，通过引入创新创业课程、跨学科课程、实践课程等，使学生能够在知识应用和创造中提升自己的能力。

2. 政策支持与制度建设

(1)人才引进与培养政策：近年来，国家实施了一系列支持拔尖创新人才发展的政策，通过"千人计划""万人计划"等人才引进项目，吸引海外顶尖人才，推动国内创新人才的成长。此外，地方政府也根据自身特点，推出了针对创新人才的培养和引进政策，如江苏、浙江、深圳等地的创新人才引进政策，都获得了较好效果。

(2)国家重点研发计划：为了鼓励和促进创新人才的成长，国家设立了一系列重点科研项目和资金支持，如"973计划""863计划"和"国家自然科学基金"项目。这些平台为创新人才提供了充足的科研资源和自由度，促进了我国科技创新的飞跃。

3. 科研成果与创新突破

(1)自主创新能力的提升：近年来，我国在多个领域取得了显著的创新突破，部分成果离不开拔尖创新人才的推动。例如，在量子信息、人工智能、5G通信、航空航天、新能源等领域，我国涌现出了一批具有国际领先水平的科研成果。中国的量子通信卫星、天眼射电望远镜、载人航天等科技项目背后，都有一批具备创新能力的拔尖人才。

(2)国际学术影响力的增强：随着教育和科研体系的不断深化，我国科研人员的国际影响力逐渐增强。近年来，我国高校和研究机构的学术论文发表数量、专利申请数量等方面的表现，均已跃居全球前列。一些高校的研究成果在国际顶尖学术期刊上频繁亮相，标志着我国在拔尖创新人才培养方面的成果已获得国际认可。

4. 拔尖创新人才的培养模式多样化

（1）"导师制"与个性化培养：许多高校和科研机构逐步引入导师制，尤其是在硕士和博士研究生阶段，注重导师的引领作用。通过深入的学术指导、科研资源的支持以及定制化的培养方案，使学生能够在科研中展现创新思维。

（2）创新创业教育的加强：近年来，各大高校强化了创新创业教育，将其纳入人才培养的核心内容之一。高校通过开设创新创业课程、提供创业资金、组织创业大赛等形式，培养学生的创新意识和创业能力。例如，清华大学、浙江大学等高校已经建立了完整的创新创业教育体系，并且为学生提供了广泛的创业支持平台，帮助一批拔尖创新人才实现从科研到产业的转化。

（3）国际化教育与合作：随着全球化进程的推进，许多高校逐步加强与国际知名高校和科研机构的合作，建立联合培养、交换生等项目，培养具有国际视野的创新型人才。这种国际化培养模式不仅提高了我国创新人才的国际竞争力，也为我国教育体系的进一步提升提供了有力支持。

5. 拔尖创新人才的跨界合作与集聚

（1）跨学科培养：近年来，跨学科的培养模式成为创新人才培养的趋势。在许多高校中，开设了跨学科课程、跨学院的研究项目，以促进学生多学科视野的拓展。这种培养模式使得拔尖创新人才能够具备更强的系统性思维和解决复杂问题的能力。例如，清华大学推出的"未来学院"尝试打破学科壁垒，探索未来技术和综合创新人才的培养。

（2）校企合作与产学研融合：一些高校与企业、科研机构合作，建立创新实验室和研究平台，推动科研成果转化并培养创新型人才。例如，腾讯、阿里巴巴等互联网企业与国内高等院校合作,设立创新基金、共同研发新技术,促进了创新人才的培养和成果的实际应用。

6. 拔尖创新人才的全球化影响力

(1) 海外留学与国际交流:我国近年来支持更多拔尖创新人才走向国际舞台,通过留学、学术交流、国际比赛等方式,培养具有全球视野的创新人才。这些创新人才回国后,往往能够为我国的科研、技术创新等领域注入新的思维方式和全球化的视野。

(2) 科技领军人才的涌现:随着教育和科研体系的不断发展,一些具备国际一流水平的科技领军人才相继涌现。例如,我国在量子计算、人工智能、5G通信等领域的顶尖人才,已经在国际科技竞争中占据了重要位置。这些人才不仅在国内科技创新中起到了领头作用,也在国际科技舞台上为我国争得了荣誉。

近几年,我国在拔尖创新人才培养方面取得了显著成果,不仅在教育体制和政策支持上进行了系统化改革,还在创新实践、国际化合作、科研突破等方面取得了长足进展。随着科技和社会发展的需求变化,我国将继续优化人才培养体系,培养更多具有国际竞争力和创新能力的拔尖人才,为推动国家科技创新和经济发展贡献力量。

第二章 02

高中拔尖创新人才培养的理论研究

本章从高中拔尖创新人才的特征、高中拔尖创新人才培养的外部规律和高中拔尖创新人才培养的内部规律三个部分展开讨论。

第一节　高中拔尖创新人才的特征

高中拔尖创新人才是在高中阶段就展现出远超同龄人知识储备、思维能力和综合素质的特殊群体。他们犹如一颗颗璀璨的新星，在知识的星空中开始散发出独特的光芒。在当今科技飞速发展、社会不断变革的时代背景下，高中拔尖创新人才的培养具有深远意义。

从教育的角度来看，这是教育资源优化配置和深度挖掘教育潜力的体现。传统教育注重知识的传授，而对于拔尖创新人才的关注则是在知识基础上的升华，引导学生走向更高层次的知识探索和创新。从社会发展的需求来说，这些人才是推动科技进步、文化创新的潜在力量。他们就像幼苗，有着长成参天大树的潜力，为未来的社会发展提供智力支持和创新动力。

在高中阶段，拔尖创新人才开始初步形成自己的知识体系和思维模式。他们不仅在学业成绩上表现优异，更在探索未知、解决复杂问题方面展现出独特的能力。他们能够跳出传统思维的框架，以全新的视角看待问题。例如，在面对一道复杂的化学难题时，他们可能不会局限于常规的解题思路，而是尝试从不同的化学分支或者跨学科的角度去寻找答案。这是他们与普通学生的重要区别之一，也是其成为拔尖创新人才的关键特征之一。高中拔尖创新人才的主要特征有以下几个方面：

一、专业知识深厚

深厚的专业知识是高中拔尖创新人才的基石。在高中阶段，各个学科的知识体系逐渐完善，形成了一个相互关联的知识网络。对于拔尖创新人才来说，他们对专业知识的掌握不仅仅是表面的记忆，而是深入到原理、概念的理解和运用。以物理学为例，他们理解牛顿运动定律，不仅仅是记住公式，而是能够深入探究定律背后的逻辑关系，理解其在不同情境下的应用，如在天体运动和微观粒子运动中的体现。这需要他们具备强大的逻辑思维能力，能够从基本原理出发，推导出各种结论。从认知心理学的角度来看，这是深度加工知识的过程，他们将新知识与已有的知识结构进行整合，构建起更为复杂和深入的知识体系。

许多在国际科学竞赛中获奖的高中生就是专业知识深厚的典型代表。例如，在国际化学奥林匹克竞赛中，获奖的学生对化学知识的掌握达到了令人惊叹的程度。他们不仅熟知各种化学元素的性质、化学反应方程式，还能够熟练运用化学原理解决复杂的实验问题。这些学生在日常学习中，就对化学学科有着浓厚的兴趣，通过大量阅读专业书籍、参加化学实验小组等方式不断加深自己的知识储备。他们可以在实验室中独立设计并完成复杂的有机合成实验，对实验过程中的每一个步骤、每一种试剂的作用都有着清晰的认识。这充分体现了他们在化学专业知识方面的深厚功底。

为了培养学生深厚的专业知识，首先，学校应提供丰富的课程资源。除了基础的学科课程外，可以开设学科拓展课程，如针对物理学科的"近代物理前沿探索"课程，让学生接触到学科的前沿知识。其次，教师要注重知识的深度挖掘。在教学过程中，引导学生进行知识的溯源，了解知识产生的背景和发展历程。例如，在历史教学中，讲述某一历史事件时，可以引导学生探究该事件背后的社会、经济、文化因素。最后，鼓励学生进行自主学习。建立学科学习小组，让学生在小组中分享学习资源和学习心得，激发他们探索知识的热情。

二、创新能力要强

创新能力是高中拔尖创新人才的核心竞争力。创新能力的本质是突破常规思维的束缚，创造出新颖、独特的成果。在高中阶段，学生的创新能力体现在多个方面，如对知识的创新理解、解题方法的创新等。从脑科学的角度来看，创新能力与大脑的神经网络连接密切相关。当大脑不断接受新的刺激并进行整合时，就有可能产生新的思维连接，从而激发创新思维。例如，在数学学习中，创新能力强的学生可能会发现一种新的几何证明方法，这种方法可能比传统方法更加简洁高效。这是因为他们的大脑在处理数学知识时，能够突破常规的思维路径，从不同的角度去思考问题。

在高中校园中，也有许多学生在科技创新比赛中脱颖而出。比如，有的学生设计出了一种新型的环保垃圾桶，它能够自动分类垃圾并进行压缩。这种创新设计不仅解决了垃圾处理的难题，还体现了学生对生活问题的敏锐观察和创新思维。

为了培养学生的创新能力，学校要营造创新氛围。首先，举办各类创新大赛，如科技创新大赛、文化创意大赛等，让学生在竞争中激发创新灵感。其次，学校可以教师要鼓励学生提出问题，对学生提出的与众不同的问题要给予肯定和引导。例如，当学生对传统的文学作品解读提出新的观点时，教师要引导学生从更多的角度去论证自己的观点。同时，要加强实践教学环节。让学生通过实践活动将理论知识转化为实际的创新成果，如开展机器人制作实践课程，让学生在动手操作中培养创新能力。

三、科学态度严谨

严谨的科学态度是高中拔尖创新人才必备的素养。在科学研究和学习中，严谨的态度体现在对数据的精确处理、对实验过程的严格把控、对理论的审慎论证等方面。从科学哲学的角度来看，科学是追求真理的过程，任何一点马虎都可能导致错误的结论。例如，在化学实验中，哪怕是一个小小的称量误差，都可能使整个实验结果产生偏差。因此，拔尖创新人才在进行科学探究时，必须严格遵循科学方法，从提出假设、设计实验到分析数据，每一个环节都要做到严谨细致。

在航天领域，每一个数据的精确性都关乎着整个航天任务的成败。我国的航天科研团队成员在高中阶段就打下了严谨科学态度的基础。许多参与航天项目的科研人员回忆起自己的高中时光，都提到了在物理、化学等学科实验中的严谨训练。在高中的物理实验中，他们为了测量一个物体的加速度，会反复进行实验，对每一次测量的数据进行仔细分析，排除误差因素。这种严谨的态度在他们日后的航天科研工作中得到了充分体现。在医学研究领域，也有很多例子。例如，研究某种新药的疗效时，研究人员必须严谨地设计临床试验，对患者的样本选取、用药剂量、疗效观察等都要做到精准无误，就像在高中生物实验中对待每一个实验样本一样。

为了培养学生严谨的科学态度，一是在教学中注重细节教育。教师在讲解知识时，要强调关键细节，如在数学教学中，对于定理证明中的关键步骤要详细讲解。二是加强实验教学的规范性。在实验课上，教师要严格要求学生按照实验操作规程进行实验，对实验报告的撰写也要规范要求，包括数据的记录、分析和结论的得出。三是培养学生的批判思维。让学生学会对已有的知识和结论进行审慎思考，在接受新的理论之前要进行充分的论证，避免盲目跟从。

四、学科视野宽广

宽广的学科视野有助于高中拔尖创新人才从多个角度解决问题。在现代科学发展中，各个学科之间相互交叉、相互渗透。例如，生物工程领域就涉及生物学、化学、物理学等多个学科的知识。拔尖创新人才能够站在多学科的视角看待问题，是因为他们的大脑能够建立起跨学科的知识联系。从认知发展理论来看，随着学生知识的不断积累，他们的思维能够跨越学科界限，整合不同学科的知识。这种跨学科的思维方式能够让他们在解决复杂问题时找到更多的切入点。

在环保领域，许多创新成果都是基于宽广的学科视野取得的。例如，有学生设计出一种新型的污水处理系统，不仅运用了化学中的氧化还原反应原理来去除污水中的有害物质，还结合了物理学中的流体力学原理来优化污水的处理流程，同时利用生物学中的微生物分解原理来进一步净化水质。这个案例充分说明，当学生具备宽广的学科视野时，他们能够将不同学科的知识融合在一起，创造出更具价值的成果。在医学领域，现代的精准医疗就是学科交叉的产物，它结合了遗传学、生物信息学、临床医学等多学科知识。在高中阶段，那些对多学科知识有广泛涉猎的学生，在未来更有可能参与到这样的跨学科研究中。

为了培养宽广的学科视野，学校要开设跨学科课程。例如，可以开设"生物与化学的交叉""物理与工程技术"等课程，让学生学习中接触到不同学科的知识融合。教师要引导学生进行跨学科阅读，推荐一些跨学科的科普书籍，如《时间简史》《万物简史》等，这些书籍涵盖了物理学、天文学、生物学等多方面的知识。同时，鼓励学生参加跨学科的研究项目或社团活动，如机器人社团，在社团活动中，学生需要运用数学、物理、计算机等多学科知识来设计和制作机器人。

五、团队合作与领导力

在当今社会，无论是科学研究还是企业项目，都离不开团队合作与领导力。对于高中拔尖创新人才来说，团队合作能力和领导力是他们走向更高层次发展的重要因素。团队合作能够汇聚不同成员的智慧和力量，实现资源的优化配置。从社会心理学的角度来看，在团队中，成员之间相互交流、相互启发，能够产生"1+1>2"的效果。而领导力则是能够在团队中发挥引领、协调作用，使团队朝着共同目标前进。在高中阶段，学生在团队项目中就开始展现出不同的角色担当，这与他们的性格、能力等因素有关。

在国际机器人竞赛中，参赛团队需要成员之间密切合作。有的负责机器人的机械结构设计，有的负责编程，有的负责调试。在这个过程中，团队成员需要不断沟通、协调，才能使机器人达到最佳性能。而团队中的领导者需要制订合理的计划，分配任务，解决团队中出现的矛盾。例如，有一个获得冠军的团队，其队长在团队中就发挥了很强的领导力。他根据每个成员的特长分配任务，在遇到技术难题时，他组织大家进行头脑风暴，鼓励成员发表不同意见，最终成功解决了问题。在学校的社团活动中，如文学社、科技社等，也需要有团队合作和领导力。社长要组织社员开展活动，协调各方资源，这也是锻炼学生团队合作和领导力的良好平台。

为了培养学生团队合作和领导力，学校要组织更多的团队项目活动。例如，可以开展团队合作的课题研究、小组竞赛等活动。在活动中，教师要引导学生认识自己的优势和劣势，明确自己在团队中的角色。同时，要开设领导力培训课程，教授学生领导技巧，如沟通技巧、目标设定技巧等，鼓励学生在团队中积极承担领导责任，在实践中锻炼自己的领导力。

六、社会责任感

社会责任感是高中拔尖创新人才应具备的重要品质。具有社会责任感的学生能够意识到自己的行为和成果对社会的影响，并积极为社会的发展做出贡献。从伦理学的角度来看，个体是社会的一部分，个体的发展应该与社会的发展相协调。在高中阶段，学生开始接触到社会现象和社会问题，他们应该学会从社会的角度去思考自己的学习和成长。例如，在学习环境保护知识时，他们应该意识到自己的行为对环境的影响，从而积极参与环保活动。

在公益领域，也有很多高中生积极参与。例如，有的学生关注贫困地区儿童的教育问题，通过募捐、支教等方式为改善贫困地区的教育状况贡献力量。

为了培养学生的社会责任感，学校要加强社会责任教育。通过开展主题班会、社会实践等活动，让学生深入了解社会问题，如贫困、环境、教育等问题，引导学生思考自己能够为解决这些问题做些什么。同时，要鼓励学生参与社会公益活动，建立公益活动激励机制，对积极参与公益活动的学生给予表彰和奖励，让学生在公益活动中增强社会责任感。

第二节　高中拔尖创新人才培养的外部规律

在知识经济蓬勃发展、国际竞争日益激烈的当下，拔尖创新人才已成为推动社会进步与国家发展的核心力量。高中阶段作为人才培养的关键时期，对拔尖创新人才的孕育起着承上启下的重要作用。深入探究高中拔尖创新人才培养的外部规律，不仅有助于我们把握人才成长的本质，更能为教育实践提供科学的指导，从而优化人才培养模式，提升人才培养质量，为国家和社会输送更多优秀的创新型人才。

一、马太效应规律

1. 马太效应规律解读

"马太效应"这一概念由美国社会学家罗伯特·莫顿于1968年正式提出，用以描述社会中"强者愈强、弱者愈弱"的两极分化现象。在教育领域，马太效应的影响广泛而深远。

从教育资源分配来看，重点高中往往能够吸引大量优质资源，如优秀的师资力量、先进的教学设备、丰富的教学资料以及充足的教育经费等。这些学校凭借资源优势，在升学成绩、学科竞赛等方面取得突出成果，进而获得更多社会认可与资源倾斜，形成良性循环。相反，普通高中由于资源相对匮乏，发展受限，陷入恶性循环。在学生个体发展方面，成绩优异的学生更容易获得教师的关注与指导，有更多机会参与各类竞赛、科研项目和学术交流活动，这进一步激发他们的学习动力与创造力，提升其综合素质与竞争力。而成绩相对较差的学生可能因缺乏关注与机会，逐渐失去学习兴趣与信心，发展空间受到限制。

马太效应在高中拔尖创新人才培养中具有两面性。积极方面，它为拔尖创新人才提供了更为优越的成长环境，加速他们的成长与发展，使其在竞争中脱颖而出。消极方面，马太效应可能导致教育资源分配不均加剧，剥夺了部分学生公平接受优质教育的机会，抑制了普通学生的创新潜能，不利于教育公平与社会均衡发展。

2. 马太效应案例佐证

以某省重点高中 A 校和普通高中 B 校为例，A 校作为当地的名校，凭借卓越的教学成绩和良好的社会声誉，吸引了大量优质师资。每年招聘季，众多优秀师范院校毕业生和经验丰富的骨干教师纷纷涌入 A 校，使得该校师资队伍的整体素质持续提升。同时，政府和社会对 A 校的投入也毫不吝啬，学校不断更新教学设备，建设现代化的实验室、多媒体教室和图书馆，为学生提供了优越的学习条件。此外，A 校还积极与国内外知名高校和科研机构合作，开展各类学术交流活动和科研项目，为学生拓宽视野、提升科研能力创造了有利条件。

在这种优质资源的滋养下，A 校学生在高考中成绩斐然，本科上线率高达

95%以上，众多学生考入国内顶尖高校。学科竞赛方面，A校学生也表现出色，每年在全国数学、物理、化学、生物等学科竞赛中获得省级以上奖项的人数多达上百人。凭借这些优异成绩，A校获得了更多的教育资源和社会支持，进一步巩固了其在教育领域的优势地位。

反观B校，由于师资力量薄弱，优秀教师流失严重，教学质量难以提升。学校教学设备陈旧，部分实验室设备老化，无法满足现代教学需求。教育经费紧张，限制了学校开展各类课外活动和学术交流的机会。在这样的环境下，B校学生的学习积极性受到影响，高考成绩不尽如人意，本科上线率仅为30%左右。学科竞赛中，B校学生获奖人数寥寥无几，学校在教育资源竞争中逐渐处于劣势，发展面临重重困境。

3. 基于马太效应的培养建议

为了充分发挥马太效应在高中拔尖创新人才培养中的积极作用，同时尽可能减少其负面影响，我们应从以下几个方面采取措施。

(1) 优化教育资源分配机制

政府和教育部门应加大对教育资源的投入力度，确保教育资源的公平分配。一方面，要缩小重点高中与普通高中之间的资源差距，加大对普通高中的扶持力度，为其提供更多的师资培训机会、更新的教学设备、增加教育经费投入等，改善普通高中的办学条件，提升其教育质量。例如，一些地区通过实施"强校工程"，对薄弱高中进行重点帮扶，在师资调配、资金投入、课程建设等方面给予倾斜，使这些学校的教学质量得到了显著提升。

另一方面，在学校内部要合理分配资源，避免过度集中于少数优秀学生。教师应关注每个学生的发展需求，为不同层次的学生提供相应的学习资源和指导，确保每个学生都能在自己的基础上得到充分发展。比如，学校可以设立分层教学班级，根据学生的学科水平和学习能力进行分层，为不同层次的学生制订个性化的教学计划和教学内容，满足学生的差异化学习需求。

（2）建立多元化人才评价体系

摒弃单一以成绩为核心的评价标准，建立多元化的人才评价体系。评价学生不仅要关注学业成绩，还要综合考虑学生的创新能力、实践能力、社会责任感、团队协作精神等多方面的素质。例如，在学生综合素质评价中，增加科技创新成果、社会实践活动表现、社团活动参与度等指标，全面、客观地评价学生的发展潜力和综合素质。

通过多元化的评价体系，能够发现更多具有不同特长和潜力的学生，为他们提供展示自我的机会和平台，激发他们的学习动力和创新热情，避免因单一评价标准导致部分学生被忽视，陷入发展困境。

（3）提供个性化教育支持

教师要深入了解每个学生的特点、兴趣和需求，为学生提供个性化的教育支持。对于成绩优异且具有创新潜力的学生，要为他们提供拓展性的学习资源和挑战性的学习任务，鼓励他们参加各类学科竞赛、科研项目和学术交流活动，进一步挖掘他们的潜力，培养他们的创新思维和实践能力。例如，学校可以开设创新实验班，为拔尖创新人才提供专门的课程体系和导师指导，帮助他们在特定领域深入探索。

对于学习困难或成绩相对较差的学生，教师要给予更多的关心和耐心，分析他们学习困难的原因，制订个性化的辅导计划，帮助他们克服困难，树立学习信心。同时，要发现他们的兴趣爱好和特长，引导他们在自己擅长的领域发展，为他们提供相应的发展机会和平台。例如，某高中为学习困难的学生开设了职业技能培训课程，根据学生的兴趣和市场需求，设置了烹饪、汽修、美容美发等专业课程,让学生在学习专业技能的过程中找到了自信和发展方向。

(4) 加强学生心理健康教育

马太效应下,学生面临的竞争压力较大,容易出现心理问题。因此,学校要加强心理健康教育,帮助学生树立正确的价值观和竞争观,培养他们的抗压能力和挫折承受能力。通过开设心理健康教育课程、心理咨询服务、心理健康讲座等多种形式,引导学生正确看待自己的优势和不足,保持积极乐观的心态。

对于在竞争中处于优势的学生,要教育他们保持谦虚谨慎的态度,避免骄傲自满,引导他们将优势转化为持续发展的动力。对于处于劣势的学生,要帮助他们调整心态,鼓励他们通过努力奋斗改变现状,培养他们的自信心和自强精神。例如,某高中通过开展心理健康主题班会,让学生分享自己在面对困难和挫折时的应对经验,互相鼓励和支持,营造了良好的心理健康教育氛围。

二、发展需求规律

1. 发展需求规律解读

发展需求规律在高中拔尖创新人才培养中具有重要意义,它主要体现在社会需求、学科发展需求以及学生自身发展需求这三个方面。

社会需求是推动高中拔尖创新人才培养的重要动力。随着时代的发展,社会对人才的需求呈现出多元化、创新化的趋势。在科技飞速发展的今天,新兴产业如人工智能、大数据、新能源等领域急需大量具有创新能力和跨学科知识的拔尖人才。这些人才不仅要具备扎实的专业知识,还要有较强的实践能力、团队协作能力和创新思维,能够解决复杂的实际问题,为社会的发展和进步做出贡献。例如,在人工智能领域,需要人才既懂计算机科学、数学等基础知识,又能将其应用于实际的算法设计、模型训练等工作中,推动人工智能技术在医疗、交通、金融等各个领域的广泛应用。

学科发展需求也对高中拔尖创新人才培养提出了新的要求。各学科在不断发展和深化的过程中，相互交叉融合的趋势日益明显。这就要求高中阶段的拔尖创新人才具备跨学科的视野和知识体系，能够打破学科界限，整合不同学科的知识和方法，开展创新性的研究和学习。以生物信息学为例，它是生物学、计算机科学和信息学等多学科交叉的领域，需要人才具备生物学知识，了解生物分子的结构和功能；同时掌握计算机编程技能，能够处理和分析大量的生物数据；还需要具备信息学的思维，从海量的数据中挖掘有价值的信息。

学生自身发展需求同样不容忽视。高中阶段的学生正处于身心快速发展的时期，他们对世界充满好奇，具有强烈的求知欲和探索精神。每个学生都有自己独特的兴趣爱好和潜力，发展需求规律强调要尊重学生的个性差异，满足学生多样化的学习需求，为学生提供个性化的发展路径。通过发现学生的兴趣点和特长，引导他们在自己擅长的领域深入学习和探索，激发学生的内在动力和创造力，使学生能够在高中阶段得到充分的发展，为未来的职业发展和人生规划奠定坚实的基础。

2. 发展需求规律案例佐证

以深圳中学为例，该校紧密围绕社会需求开展人才培养工作。在课程设置方面，深圳中学积极与社会前沿产业接轨，与腾讯、华为、大疆等著名企业共建11个创新体验中心。借助这些创新体验中心，学校开设了一系列与人工智能、信息技术、新能源等相关的课程，如无人机编程、机器人设计、大数据分析等课程。这些课程的设置，使学生能够接触到最前沿的科技知识和行业动态，培养在新兴领域的创新能力和实践能力，满足了社会对相关领域拔尖创新人才的需求。

在学生实践活动方面，深圳中学与众多企业建立了长期合作关系，为学生提供丰富的实践机会。例如，学校组织学生参与腾讯的人工智能项目实践，让学生在实际项目中运用所学知识，解决实际问题。通过这些实践活动，学生不仅提高了自己的专业技能，还增强了团队协作能力和创新思维，毕业后能够迅速适应社会和企业的需求，成为行业内的拔尖创新人才。

3. 基于发展需求规律的培养建议

（1）紧密结合社会需求，调整课程设置

学校应密切关注社会发展动态和人才需求趋势，及时调整课程设置。一方面，要加强新兴学科和交叉学科课程的开发与设置，如人工智能、大数据、生物技术与信息技术交叉等领域的课程，让学生接触到前沿的知识和技术，拓宽知识视野，培养跨学科思维能力。例如，北京市某中学与高校和科研机构合作，开设了"量子计算与信息科学"选修课程，邀请相关领域的专家学者到校授课，使学生对这一新兴前沿领域有了初步的了解和认识，激发了他们对科学研究的兴趣。

另一方面，要注重实践课程的设置，增加实践教学的比重。通过实验、实习、社会实践等活动，提高学生的实践能力和解决实际问题的能力。学校可以与企业建立合作关系，共建实习基地，为学生提供更多的实习机会，让他们在实际工作环境中锻炼自己的专业技能和综合素质。例如，上海市某高中与多家企业合作，建立了"科技创新实践基地""智能制造实习基地"等，定期组织学生到基地进行实习，参与企业的实际项目，不仅提高了他们的专业技能，还增强了对社会需求的了解，为未来的职业发展做好了充分准备。

（2）加强学科建设，促进学科融合发展

学校要加强学科建设，鼓励教师开展跨学科研究和教学实践。学校可以设立跨学科研究项目和教学团队，为教师提供资金支持和政策保障，促进不同学科教师之间的交流与合作，共同探索跨学科教学的方法和模式。例如，广州市某中学成立了"跨学科教学研究中心"，组织不同学科的教师开展联合教研活动，共同开发跨学科课程。在研究"城市可持续发展"这一课题时，地理、化学、生物、政治等学科的教师共同参与，从不同学科的角度引导学生进行研究，让学生学会运用多学科知识解决实际问题。

同时，学校要建立学科融合的评价机制，鼓励学生在学习过程中打破学科界限，综合运用多学科知识进行学习和创新。在考试评价中，教师可以设置跨学科的题目，考查学生的跨学科思维能力和综合运用知识的能力。例如，在一次考试中，设置了这样一道题目："请从物理、化学、生物等学科角度，分析新能源汽车的发展对环境的影响，并提出相应的改进建议。"通过这样的题目，引导学生从多个学科的角度思考问题，培养学生的学科融合意识和创新能力。

（3）关注学生个体差异，实施个性化教育

教师要深入了解每个学生的兴趣爱好、特长和学习需求，建立学生个人发展档案，为学生制订个性化的学习计划和发展路径。学校可以通过开展兴趣调查、能力测试等活动，全面了解学生的情况，为学生提供有针对性的指导和建议。例如，浙江省某高中为每个学生建立了"成长档案袋"，记录学生的学习成绩、兴趣爱好、社会实践经历、获奖情况等信息。教师根据学生的档案信息，为学生制订个性化的学习计划和发展目标，并定期进行跟踪和评估，及时调整计划。

学校要提供丰富多样的选修课程和社团活动，满足学生多样化的学习需求。选修课程可以涵盖艺术、体育、科技、人文等多个领域，让学生根据自己的兴趣爱好进行选择。社团活动要注重培养学生的团队合作精神和创新能力，为学生提供展示自我的平台。例如，深圳市某高中开设了上百门选修课程，如"机器人编程""摄影艺术""书法鉴赏""模拟联合国"等，学生可以根据自己的兴趣选择课程。同时，学校还拥有多个社团，如科技创新社团、音乐社团、舞蹈社团、篮球社团等，学生在社团活动中充分发挥自己的特长，培养了团队合作精神和创新能力。

此外，对于有特殊才能和潜力的学生，学校要提供特殊的培养渠道和资源支持：可以为他们配备专门的导师，进行一对一的指导和培养；鼓励他们参加各类学科竞赛、科研项目和学术交流活动，拓宽他们的视野，提升他们的能力。例如，江苏省某高中为在数学、物理等学科具有突出天赋的学生开设了"英才班"，配备了优秀的教师团队进行指导，为学生提供丰富的学习资源和参加各类竞赛的机会。在导师的指导下，这些学生在学科竞赛中取得了优异的成绩，多名学生获得了国家级奖项。

(4) 加强职业规划教育，引导学生明确发展方向

高中阶段是学生进行职业规划的重要时期，学校要加强职业规划教育，帮助学生了解自己的兴趣、优势和职业倾向，引导学生明确未来的发展方向。可以开设职业规划课程，邀请企业界人士、专家学者到校举办职业讲座和经验分享会，让学生了解不同职业的特点、发展前景和所需的知识技能。例如，四川省某高中开设了"职业生涯规划"课程，从高一开始对学生进行系统的职业规划教育。课程内容包括自我认知、职业探索、职业决策等方面，通过课堂教学、小组讨论、职业测评等方式，帮助学生了解自己，认识职业世界。同时，学校还定期邀请企业高管、行业专家到校举办讲座，分享自己的职业经历和成功经验，让学生对不同职业有更直观的认识。

学校要组织学生开展职业体验活动，如参观企业、职业见习等，让学生亲

身感受不同职业的工作环境和工作内容,增强学生对职业的感性认识。例如,山东省某高中组织学生到当地的企业进行参观和见习,学生在企业中参观了生产车间、研发中心等部门,了解了企业的生产流程和运营模式,与企业员工进行了交流,对自己未来的职业选择有了更清晰的认识。通过这些职业体验活动,学生能够更好地将自己的兴趣和能力与未来的职业发展相结合,明确自己的发展目标,为高中阶段的学习和未来的职业发展做好充分准备。

三、实践成才规律

1. 实践成才规律解读

实践成才规律是指人才通过亲身参与各类实践活动,不断积累经验、增长知识、提升能力,从而实现自身成长与发展的客观规律。马克思主义哲学强调实践是认识的基础,实践出真知,这一观点深刻揭示了实践在人才培养中的核心地位。

在高中阶段,实践活动对于拔尖创新人才的培养具有不可替代的作用。首先,实践能够加深学生对理论知识的理解和掌握。高中课程体系中包含大量的理论知识,如数学、物理、化学等学科的定理、公式等,这些知识往往较为抽象。通过实践活动,学生能够将抽象的理论知识与实际现象相结合,以直观的方式感受知识的内涵和应用,从而更好地理解和记忆知识。例如,在物理实验中,学生通过操作实验仪器,观察物理现象,能够深入理解物理原理。在探究牛顿第二定律的实验中,学生通过改变物体的质量和所受外力,测量物体的加速度,亲身体验到加速度与力和质量之间的关系,这比单纯从书本上学习理论知识更加深刻和持久。

其次,实践能够培养学生的创新能力和解决实际问题的能力。在实践过程中,学生往往会遇到各种新的问题和挑战,需要运用所学知识,发挥自己的想象力和创造力，探索解决方案。这种不断解决问题的过程，能够有效锻炼学生的创新思维和实践能力。例如，在科技创新实践活动中，学生需要针对某个实际问题，提出创新性的解决方案，并通过设计、制作、调试等环节，将自己的想法转化为实际成果。在这个过程中，学生不仅要运用多学科知识，还要不断尝试新的方法和技术，从而培养了创新能力和解决实际问题的能力。

最后，实践有助于培养学生的团队协作精神和沟通能力。许多实践活动，如科研项目、学科竞赛等，往往需要学生以团队的形式参与。在团队合作中，学生需要与不同性格、不同背景的同学进行沟通、协作，共同完成任务。这能够让学生学会倾听他人的意见，发挥各自的优势，提高团队协作能力和沟通能力。例如，在参加机器人竞赛时，团队成员需要分工合作，有的负责机械结构设计，有的负责编程控制，有的负责调试优化，通过紧密协作，才能使机器人在比赛中取得好成绩。在这个过程中，学生们学会了如何与团队成员有效沟通，协调各方资源，共同解决问题，团队协作精神和沟通能力得到了很好的锻炼。

2. 实践成才规律案例佐证

长沙县第一中学高度重视学生的实践能力培养，积极为学生搭建实践平台。学校开设了人工智能创客选修班、机器人选修班以及发明创意设计、人工智能、3D打印等一系列创新课程，为学生提供了丰富的实践机会。

在这些课程的学习过程中，学生们充分发挥自己的想象力和创造力，积极参与实践活动。例如，该校学生在科技创新比赛中表现出色，他们的作品涵盖了多个领域，具有很高的创新性和实用性。学生制作的"盲人机器人"，能够通过人脸识别、红绿灯识别、障碍物识别等功能，为盲人出行提供便利。在制作过程中，学生不仅要深入学习电子电路、编程等知识，还要不断进行实践调试，解决遇到的各种问题。通过这个实践项目，学生不仅将所学的理论知识应用到实际中，还锻炼了创新能力和解决问题的能力。

3. 基于实践成才规律的培养建议

（1）丰富实践活动类型与内容

学校应积极拓展实践活动的类型，涵盖科技创新、社会实践、学科竞赛、社团活动等多个领域，为学生提供多样化的实践选择。在科技创新方面，除了现有的人工智能、机器人等项目，还可以引入生物实验、化学探究等项目，让学生在不同的科技领域进行探索。例如，开设"生物基因编辑实验"课程，让学生亲自动手操作实验仪器，进行基因编辑的实验研究，培养学生在生物科技领域的创新能力。

在社会实践方面，除了社区服务、社会调研，还可以组织学生参与企业实习、公益创业等活动。学校可以与当地企业合作，开展"企业见习周"活动，让学生深入企业的各个部门，了解企业的运营模式和工作流程，增强学生对社会职业的认知。鼓励学生开展公益创业项目，如创办环保公益组织，通过实际运营项目，培养学生的社会责任感和创业能力。

（2）完善实践教学课程体系

将实践教学纳入学校的正式课程体系，制订系统的教学计划和教学大纲，明确各年级、各学科的实践教学目标、内容和要求，确保实践教学的有序开展。例如，在高一年级，可以设置基础实践课程，如"科学实验基础""社会实践方法"等，培养学生的基本实践技能和方法。在高二年级，开设专业拓展实践课程，如"物理创新实验""化学综合实践"等，让学生在自己擅长的学科领域进行深入的实践探索。

同时，要注重实践教学课程的评价体系建设，采用多元化的评价方式，如过程性评价、作品评价、小组评价等，全面、客观地评价学生的实践能力和成果。例如，在评价学生的科技创新项目时，不仅要看最终的作品成果，还要考查学生在项目实施过程中的问题解决能力、团队协作能力、创新思维等方面的表现。

(3) 加强实践教学师资队伍建设

选拔和培养一批具有丰富实践经验和专业技能的教师，充实实践教学师资队伍，可以通过招聘具有企业工作经验的专业人才、鼓励教师参加实践培训和进修等方式，提高教师的实践教学水平。例如，学校可以面向社会招聘具有工程师背景的教师，担任科技创新实践课程的指导教师，为学生提供专业的技术指导；定期组织教师开展实践教学研讨活动，分享实践教学经验，共同探讨实践教学中遇到的问题和解决方案。另外，建立教师实践教学激励机制，对在实践教学中表现突出的教师给予表彰和奖励，激发教师参与实践教学的积极性和主动性。例如，设立"实践教学优秀教师奖"，对在指导学生实践活动中取得优异成绩的教师进行奖励，提高教师对实践教学的重视程度。

(4) 建立校内外实践基地

加强与高校、科研机构、企业等的合作，建立一批稳定的校内外实践基地，利用高校和科研机构的实验室、科研资源，为学生提供高层次的科研实践机会。例如，学校与当地高校合作，建立"联合科研实践基地"，定期组织学生到高校实验室参与科研项目，让学生在专业导师的指导下开展科学研究，培养学生的科研能力。

与企业合作，建立实习实训基地，让学生在真实的工作环境中锻炼实践能力。学校可以与多家企业建立长期合作关系，如与互联网企业共建"互联网创新实践基地"，与制造业企业共建"智能制造实习基地"等，为学生提供丰富的实习岗位和实践项目。例如，学生在互联网创新实践基地中，参与企业的实际项目开发，从需求分析、设计、编码到测试等环节，全面提升自己的实践能力和专业素养。

四、共生效应规律

1. 共生效应规律解读

共生效应原本是一个生物学概念，指的是两种或多种生物相互依存、相互促进，共同生活在一起，从而实现共同发展的现象。在高中拔尖创新人才培养中，共生效应也有着重要的体现。

从学生群体的角度来看，不同学生具有不同的兴趣、特长和思维方式。当他们聚集在一起，通过合作学习、交流讨论等方式，可以相互启发、相互学习，形成知识共享、思维碰撞的良好氛围。例如，在数学建模社团中，擅长数学的学生能够提供理论支持，而对计算机编程有深入了解的学生则可以负责模型的构建和算法实现，具有创新思维的学生则能提出新颖的思路和解决方案。通过这种合作，学生们不仅能够拓宽自己的知识面，还能培养团队协作能力和创新思维，实现共同成长与进步。

在教师与学生之间，良好的共生关系同样至关重要。教师不仅是知识的传授者，更是学生成长的引导者和促进者。教师通过与学生的互动交流，了解学生的需求和困惑，为学生提供个性化的指导和帮助。同时，学生的创新思维和独特见解也能启发教师，促使教师不断改进教学方法和策略，提升教学水平。例如，在科技创新活动中，学生在探索过程中遇到的问题和提出的新想法，能够激发教师对相关领域的深入研究，教师再将研究成果反馈给学生，进一步推动学生的学习和创新。

2. 共生效应案例佐证

以衡水中学的班级管理模式为例，充分体现了学生之间的共生效应。衡水中学的班级采用小组合作学习的方式，每个小组由不同成绩、不同特长的学生组成。在日常学习中，小组内的学生共同探讨问题、分享学习经验和方法。在数学学习中，成绩较好的学生帮助基础薄弱的学生理解难题，讲解解题思路；而基础薄弱的学生通过提问，也促使成绩好的学生对知识有更深入的理解和思考。在小组合作完成课题研究时，擅长文字表达的学生负责撰写报告，具有创新思维的学生提出新颖的观点和研究方向，动手能力强的学生则负责实验操作和数据收集。通过这种方式，学生们相互学习、相互促进，共同提高了学习成绩和综合能力。

在长沙市长郡中学，师生之间的共生效应也十分显著。学校鼓励教师与学生建立平等、民主的师生关系，积极开展互动交流。在课堂上，教师鼓励学生积极提问、发表自己的见解；对于学生提出的独特观点和想法，教师给予充分的肯定和鼓励，并引导学生进一步深入思考。在一次语文课堂上，学生对一篇课文的主题提出了与传统观点不同的看法，教师并没有直接否定，而是引导学生从不同角度进行分析和论证，最终师生共同对课文有了更全面、更深入的理解。课后，教师经常与学生进行谈心，了解学生的学习和生活情况，为学生提供个性化的学习建议和心理辅导。同时，学生的创新思维和活力也激发了教师的教学热情和创新意识，促使教师不断改进教学方法，提高教学质量。

3. 基于共生效应的培养建议

（1）优化班级与小组建设

首先，在班级管理中，教师应注重学生的异质性，科学合理地组建学习小组。根据学生的成绩、兴趣、特长、性格等因素，将不同特点的学生组合在一起，形成优势互补的学习小组。例如，在数学学习小组中，既有数学成绩优异、思维严谨的学生，也有具有创新思维、善于提出独特见解的学生，还有动手能力强、能够通过实践操作验证理论的学生。这样的小组组合能够促进学生之间的相互学习和交流，激发学生的学习潜能。

其次，教师要引导小组建立良好的合作规范和共同目标，明确小组内成员的分工与职责，让每个学生都能在小组中发挥自己的作用。同时，鼓励小组制订共同的学习目标和计划，如在一个月内提高小组整体的数学成绩、完成一个科技创新项目等。通过共同目标的引领，增强小组的凝聚力和合作动力。

此外，定期组织小组竞赛、小组展示等活动，为小组提供展示成果的平台，激发小组之间的竞争意识，促进小组不断进步。例如，开展小组数学解题竞赛，以小组为单位进行答题，根据答题的准确率和速度评选出优秀小组，并给予表彰和奖励。这不仅能提高学生的学习积极性，还能培养学生的团队协作精神。

（2）构建和谐师生关系

首先，教师要树立正确的教育观念，尊重学生的主体地位，把学生视为具有独立人格和创新能力的个体。在教学过程中，鼓励学生积极参与课堂讨论，发表自己的观点和想法，营造平等、民主、和谐的课堂氛围。例如，在语文课堂上，对于一篇课文的主题理解，教师不要直接给出标准答案，而是引导学生从不同角度进行思考和讨论，鼓励学生提出独特的见解，并对学生的观点进行积极的回应和引导，培养学生的批判性思维和创新能力。

其次，加强与学生的沟通交流，了解学生的学习需求、兴趣爱好和心理状态。教师可以通过课堂提问、课后谈心、作业批改等方式，与学生进行全方位的沟通。对于学生在学习和生活中遇到的问题，及时给予帮助和指导，让学生感受到教师的关爱和支持。例如，当学生在学习化学知识遇到困难时，教师可以利用课余时间与学生进行一对一的交流，了解学生的困惑所在，为学生提供针对性的辅导和建议，帮助学生克服困难，树立学习信心。

（3）拓展校际与校企合作

首先，学校应积极与其他高中建立合作关系，开展校际交流活动。通过校际教师交流、学生互访、联合教研等方式，实现教育资源共享，促进学校之间的共同发展。例如，定期组织校际教师公开课观摩活动，让不同学校的教师相互学习、借鉴教学经验；开展校际学生学科竞赛，激发学生的学习竞争意识，拓宽学生的视野。

其次，加强与高校、科研机构的合作，为学生提供更多接触前沿知识和科研资源的机会。学校可以邀请高校教授、科研人员到校举办讲座、开展科研指导，让学生了解学科前沿动态，培养学生的科研兴趣和创新能力。例如，与当地高校合作，开展"走进高校实验室"活动，组织学生到高校实验室参观学习，参与科研项目的部分实验工作，让学生亲身体验科研过程，提高学生的科研实践能力。

五、期望效应规律

1. 期望效应规律解读

期望效应，又称皮格马利翁效应或罗森塔尔效应，由美国心理学家罗森塔尔和雅各布森提出。该效应表明，人们基于对某种情境的知觉而形成的期望或预言，会促使该情境产生适应这一期望或预言的效应。

在教育领域，教师对学生的期望具有强大的影响力。当教师对学生寄予积极、高期望时，会通过言语、眼神、态度等多种方式传递给学生，使学生感受到教师的信任与鼓励，从而增强自信心，激发内在的学习动力和潜能，促使他们朝着教师期望的方向发展，在学业成绩、行为表现、个性发展等方面取得显著进步。例如，教师经常对学生说："你很有潜力，一定能在这门学科上取得优异成绩"，并在日常教学中给予该学生更多的关注和指导。学生可能会因为教师的期望而更加努力学习，积极参与课堂互动，主动探索知识，最终实现成绩的提升。

在高中拔尖创新人才培养中，期望效应尤为关键。教师对学生的高期望能够为学生提供明确的目标导向，激发学生的创新思维和探索精神，鼓励他们勇于挑战自我，突破常规，在学术研究、科技创新等方面取得突出成就。同时，积极的期望还能营造良好的学习氛围，增强学生的学习动力和团队合作精神，促进学生全面发展，为成为拔尖创新人才奠定坚实基础。

2. 期望效应案例佐证

在教育实践中，期望效应的实例不胜枚举。某重点高中的班主任李老师所带班级中有一位学生小张，刚入学时成绩中等偏下，性格较为内向，在课堂上很少主动发言，对学习也缺乏自信。李老师通过观察发现，小张虽然在整体成绩上不突出，但在数学方面有一定的潜力，对一些复杂的数学问题能够提出独特的见解。于是，李老师在心里对小张寄予了较高的期望，并决定通过实际行动来传递这种期望。

在课堂上，李老师经常提问小张一些具有启发性的数学问题，每当小张回答正确时，李老师都会给予充分的肯定和表扬，鼓励他说："小张，你的思维很敏捷，对数学问题有独特的理解，只要你继续努力，一定能在数学学科上取得优异的成绩。"在课后，李老师主动找小张谈心，了解他的学习困难和需求，并为他推荐了一些适合的数学辅导资料，帮助他制订学习计划。同时，李老师还鼓励小张参加学校的数学竞赛培训，让他有机会与更多优秀的同学交流和学习。

在李老师的积极期望和悉心指导下，小张逐渐感受到了老师对他的信任和支持，自信心得到了极大的提升。他开始主动学习数学，每天都会花更多的时间做数学练习题，遇到问题也会主动向老师和同学请教。随着时间的推移，小张的数学成绩有了显著的提高，在班级中的排名也逐渐上升。不仅如此，小张的性格也变得开朗起来，在课堂上积极参与讨论，与同学们的交流和合作也更加频繁。在高二下学期的一次数学竞赛中，小张凭借扎实的知识和出色的发挥，获得了省级二等奖的好成绩。这一成绩的取得，进一步证明了李老师的期望对小张的积极影响，也让小张对未来的学习充满了信心。

3. 基于期望效应的培养建议

（1）教师树立积极期望并有效传递

教师应树立对所有学生的积极期望，相信每个学生都具有成为拔尖创新人才的潜力。在教学过程中，教师要善于发现学生的闪光点和进步，及时给予肯定和鼓励。例如，在课堂上，当学生提出独特的见解或解决问题的新思路时，教师要给予表扬，如"你的想法很新颖，这种创新思维非常可贵，继续保持"。在课后，教师可以通过与学生谈心、批改作业等方式，传递对学生的期望。比如在作业评语中，教师可以写道"你这次作业完成得非常认真，解题思路清晰，我相信你在这个学科上会取得更大的进步"。

教师还可以通过非言语的方式传递期望，如微笑、眼神交流、点头等。一个鼓励的眼神、一次信任的点头，都能让学生感受到教师的期望和支持。此外，教师要避免在言语和行为上表现出对学生的消极期望，不要轻易给学生贴上"不行""没潜力"等负面标签。

（2）个性化期望与目标设定

每个学生都有自己独特的学习风格、兴趣爱好和发展潜力，教师应根据学生的个体差异，设定个性化的期望和目标。在了解学生的基础上，教师可以与学生共同商讨，为他们设定具有挑战性但又切实可行的学习目标。例如，对于在数学方面有较强能力的学生，可以期望他们在数学竞赛中取得优异成绩，并为他们设定参加竞赛培训、提高解题能力的具体目标。对于学习基础相对薄弱的学生，教师可以期望他们逐步提高成绩，设定每次考试进步一定分数的目标，并为他们提供相应的学习指导和支持。

在设定目标的过程中，教师要引导学生将大目标分解为小目标，让学生能够逐步实现，增强他们的自信心和成就感。同时，教师要根据学生的实际情况，及时调整期望和目标，确保其始终具有激励性和可行性。

（3）营造积极的班级氛围

积极的班级氛围对于期望效应的发挥具有重要的促进作用。教师可以通过组织各种班级活动，营造一个鼓励创新、勇于尝试、相互支持的班级氛围。例如，开展小组合作学习活动，让学生在合作中相互学习、相互鼓励，共同进步；组织班级科技创新比赛，鼓励学生展示自己的创新成果，激发学生的创新热情。

在班级中，教师要倡导积极向上的价值观，引导学生树立正确的学习态度和竞争意识。教师可以通过主题班会、班级文化建设等方式，培养学生的团队合作精神、自信心和责任感。例如，在主题班会上，以"相信自己，超越自我"为主题，让学生分享自己的成功经历和克服困难的故事，激发学生的自信心和进取精神。

高中拔尖创新人才的培养是一项系统且复杂的工程，受到多种外部规律的深刻影响。马太效应规律提醒我们要警惕教育资源分配不均带来的两极分化，通过优化资源分配机制、建立多元化评价体系等措施，确保每个学生都能获得公平且优质的教育机会，在激发优秀学生潜能的同时，为普通学生提供发展的可能。发展需求规律要求我们紧密结合社会需求、学科发展需求以及学生自身发展需求，调整课程设置，加强学科融合，实施个性化教育，为学生指明发展方向，培养出适应时代发展的高素质人才。实践成才规律强调实践在人才培养中的核心地位，通过丰富实践活动类型与内容、完善实践教学课程体系等举措，让学生在实践中积累经验、提升能力，实现从理论到实践的跨越，成长为具有创新精神和实践能力的人才。共生效应规律启示我们要构建良好的共生关系，无论是学生之间的合作、师生之间的互动，还是学校与外部机构的合作，都能为学生营造一个相互促进、共同发展的良好环境，推动学生在知识、能力、思维等多方面全面进步。期望效应规律则突出了教师期望对学生发展的强大影响力，教师树立积极期望并有效传递，进行个性化期望与目标设定，营造积极的班级氛围，能够激发学生的内在动力和潜能，助力学生成为拔尖创新人才。

在高中拔尖创新人才培养的征程中，我们需深入理解并遵循这些外部规律，综合运用多种培养策略，充分发挥各规律的积极作用，为学生创造一个有利于成长和发展的良好环境。只有这样，我们才能培养出一批又一批具有创新精神、实践能力和社会责任感的拔尖创新人才，为国家和社会的发展注入源源不断的强大动力，在全球竞争日益激烈的时代背景下赢得主动，实现国家的繁荣昌盛和民族的伟大复兴。

第三节　高中拔尖创新人才培养的内部规律

在当今时代，科技飞速发展，国际竞争日益激烈，拔尖创新人才成为推动国家进步和社会发展的核心力量。高中阶段作为人才培养的关键时期，对于塑造学生的思维方式、知识体系和创新能力具有不可替代的重要作用。深入探究高中拔尖创新人才培养的内部规律，不仅有助于提升教育质量，为高校输送更多优秀生源，更是国家实现创新驱动发展战略的迫切需求。本文将从聪明才智、经验积累、环境磨炼、凡是效应和自我修炼这五个维度，深入剖析高中拔尖创新人才培养的内部规律，通过丰富的案例佐证和切实可行的培养建议，为高中教育工作者提供有益的参考和借鉴。

一、聪明才智：天赋引擎与培养策略

1. 规律解读：聪明才智的核心要素

思维能力是聪明才智的基石。逻辑思维使学生能够对知识进行系统梳理、分析和推理，在数学、物理等学科的学习中，通过严谨的逻辑推导解决复杂问题。例如在高中物理的电路分析中，学生运用逻辑思维理清电流、电压和电阻之间的关系，从而解决电路故障等问题。而创造性思维则是突破常规、产生新颖想法的关键，具备创造性思维的学生在面对问题时，能从独特视角出发，提出与众不同的解决方案。在科技创新活动中，学生打破传统思维定式，发明出具有创新性的作品，如新型环保节能装置等。发散思维有助于学生从一个问题出发，联想到多个相关方面，拓展思考的广度。如在语文写作中，学生围绕一个主题展开丰富联想，运用发散思维选取多样素材，使文章内容充实、富有创意。

学习能力也是聪明才智的重要体现。快速学习能力让学生能够在短时间内掌握新知识的要点。在高中阶段，课程内容丰富且难度较大，具有快速学习能力的学生能迅速适应新的知识体系，如在学习新的数学定理或化学概念时，能快速理解并运用。知识整合能力则要求学生将不同学科、不同领域的知识相互融合。例如在研究环境问题时，需要综合运用化学、生物、地理等多学科知识，对环境污染的成因、影响及解决方案进行全面分析。这种能力使学生能够构建起完整的知识网络，提升解决综合性问题的能力。

2. 案例佐证：聪明才智成就的典范

柳智宇，这位毕业于华师一附中的数学天才，其聪明才智在高中时期便展露无遗。高一时，他针对17世纪瑞士数学家雅各·伯努利提出的数学难题展开研究，展现出远超同龄人的思维深度和钻研精神。当被问及何时开始构思解决这一世界性难题时，他竟称从幼儿园时就已开始，足见其对数学问题的敏感度和早慧的思维能力。2006年，在第47届国际数学奥林匹克竞赛中，面对来自180多个国家和地区的500多名选手，柳智宇凭借满分成绩斩获金牌。尤其是在解决第六道组合几何难题时，全世界仅有3人做对，而他的解法不仅正确，还被协调组专家们一致认为比标准答案更加漂亮精彩，赢得了国际奥委会的最高评价。出色的逻辑思维和创造性思维，使他能够在复杂的数学问题中找到独特的解题路径，这是其聪明才智的有力证明。凭借在数学竞赛中的优异表现，柳智宇被保送北京大学数学系，进一步在数学领域深入探索。

3. 培养建议：激发聪明才智的教育举措

在课程设置与教学方法方面，学校应构建多元化的课程体系，除了传统的基础学科课程，还应增设拓展性课程和研究性课程。例如开设科技创新课程，让学生在实践中锻炼创造性思维和知识整合能力；开设批判性思维课程，引导学生对知识进行深入分析和质疑，培养逻辑思维能力。在教学过程中，采用启发式、探究式教学方法。教师通过设置启发性问题，引导学生自主思考和探索。如在物理课堂上，教师提出关于物体运动的复杂问题，鼓励学生通过实验和理论分析来寻找答案，培养学生的逻辑思维和解决问题的能力。小组合作学习也是一种有效的方式，学生在小组中相互交流、讨论，碰撞出思维的火花，锻炼发散思维和团队协作能力。

在教学资源利用上，学校要充分利用图书馆、实验室、网络资源等。图书馆丰富的藏书能满足学生广泛的阅读需求，拓宽学生的知识面。学生可以通过阅读不同领域的书籍，了解各种知识，为知识整合和创新思维提供素材。实验室为学生提供了实践的平台,学生在实验中验证理论知识,发现新问题,培养对知识的敏感度和实践能力。网络资源则让学生能够接触到最新的学术动态和前沿知识,激发好奇心和探索欲望。学校还可以邀请各领域的专家学者来校举办讲座和开展学术交流活动,让学生近距离接触行业精英,了解学科发展的最新趋势,拓宽视野,激发对知识的追求和探索精神。

在学习环境营造方面,营造宽松、自由的学习氛围至关重要。教师要鼓励学生勇于表达自己的观点和想法,即使不完全正确,也应给予肯定和引导,而不是批评指责。例如在课堂讨论中,学生提出了一个独特但不完全成熟的观点,教师应鼓励学生进一步阐述,并引导其他同学一起讨论,完善该观点。同时,学校要对学生的创新成果给予充分的认可和奖励,设立科技创新奖、学科竞赛奖等,对在各方面表现出聪明才智的学生进行表彰,激发学生的学习动力和创新热情。班级内部也可以形成互助学习的氛围,学生之间相互学习、相互启发,共同提高。

二、经验积累:知识沉淀与能力进阶

1. 规律解读:经验积累的关键路径

经验积累是高中拔尖创新人才培养中不可或缺的环节,它如同涓涓细流汇聚成江海,为学生的成长提供源源不断的动力。在高中阶段,学生主要通过学习经历、实践活动和生活体验这三个关键路径来积累经验,实现知识的沉淀与能力的进阶。

学习经历是学生积累知识经验的主渠道。在高中课程学习中,学生系统地学习各个学科的基础知识,从语文的文学素养到数学的逻辑思维,从物理的科学原理到历史的文化脉络,每一门学科都为学生打开了一扇认识世界的窗户。例如在数学学习中,学生通过做大量的习题,不断积累解题方法和技巧,逐渐掌握各种数学模型的应用，从而提高数学思维能力和解题能力。同时，阅读课外书籍和参加学术讲座也是丰富学习经历的重要方式。学生通过阅读不同领域的书籍，如科普读物、文学名著、哲学著作等，拓宽知识面，了解不同学科的前沿知识和研究方法，激发对知识的探索欲望。参加学术讲座，学生可以近距离接触专家学者，聆听他们的研究成果和见解，与他们进行互动交流。这种学习经历能够让学生站在巨人的肩膀上，更快地提升自己的学术水平。

实践活动为学生提供了将理论知识应用于实际的机会，是经验积累的重要途径。学校组织的实验课程让学生在实践操作中加深对理论知识的理解。在化学实验中，学生通过亲手操作实验仪器，观察化学反应的现象，不仅能够验证课堂上学到的化学知识，还能培养动手能力、观察能力和解决实际问题的能力。参与科研项目或学科竞赛则更能锻炼学生的综合能力。在科研项目中，学生需要自主确定研究课题、查阅文献资料、设计实验方案、进行数据收集和分析，最后得出研究结论。这个过程中，学生不仅能够深入了解某一领域的知识，还能学会如何进行科学研究，培养创新思维和团队协作能力。学科竞赛同样要求学生具备扎实的知识基础和灵活运用知识的能力。在竞赛准备过程中，学生需要不断挑战自己，突破思维定式，积累应对各种复杂问题的经验。

生活体验也在学生的经验积累中发挥着重要作用。生活中的点点滴滴都蕴含着丰富的知识和经验，学生通过参与家务劳动，学会承担责任，培养生活自理能力；通过与他人交往，学会理解、沟通和合作，提高人际交往能力；通过旅行、参观博物馆等活动，开阔视野，增长见识，丰富对世界的认知。例如，在一次团队旅行中，学生需要共同规划行程、安排住宿、解决旅途中遇到的各种问题。这个过程中，学生学会了如何与团队成员协作，如何应对突发情况，这些生活经验将对他们今后的学习和生活产生积极的影响。

2. 案例佐证：经验积累铸就的成功

在工程领域，实践经验的积累对于工程师的成长至关重要。一位优秀的工程师在高中阶段就对物理、数学等学科表现出浓厚的兴趣，并积极参加各种科技活动和实验课程。在大学期间，他深入学习专业知识，参与了多个实际工程项目的设计和实施。在实践过程中，他遇到了各种各样的问题，如设计方案的不合理、材料的选择不当、施工过程中的技术难题等。通过不断地解决这些问题，他积累了丰富的实践经验，学会了如何在实际工程中运用所学知识，如何与团队成员协作以及如何应对各种突发情况。在参与一个大型建筑项目时，他负责建筑结构的设计工作。在设计过程中，他发现原有的设计方案在抗震性能方面存在不足。于是，他查阅大量的资料，参考国内外的先进经验，经过多次修改和优化，最终提出了一个更加合理的设计方案，确保了建筑的安全性和稳定性。正是通过长期的实践经验积累，这位工程师逐渐成长为一名技术精湛、经验丰富的专业人才，能够承担起复杂工程项目的设计和管理工作。

在科学研究领域，经验积累也是科研人员取得突破的关键。屠呦呦在高中阶段就对医学产生了浓厚的兴趣，之后在大学期间系统地学习了药学专业知识。在毕业后的科研工作中，她深入研究传统中医药，查阅了大量的古代医学典籍，积累了丰富的理论知识。同时，她积极参与各种科研项目，在实践中不断摸索和尝试。在研究青蒿素的过程中，屠呦呦面临着诸多困难和挑战，如实验条件有限、研究资料匮乏等。但她凭借着多年积累的科研经验，不断调整研究思路和方法。她带领团队进行了大量的实验，对青蒿的提取物进行了反复的筛选和测试。经过无数次的失败，最终从青蒿中成功提取出了青蒿素，为全球疟疾防治做出了巨大贡献。屠呦呦的成功得益于她长期以来在医学领域的知识积累和实践经验的沉淀，这使她能够在面对复杂的科研问题时，保持坚定的信念和敏锐的洞察力，最终取得了突破性的科研成果。

3. 培养建议：促进经验积累的教育策略

在课程设置与教学方法方面，学校应构建多元化的课程体系，以满足学生不同的学习需求和兴趣爱好。除了传统的学科课程，应大力增设实践课程和选修课程，为学生提供更多的实践机会和选择空间。例如，开设科技创新实践课程，让学生在实践中动手操作，亲身体验从提出问题到解决问题的全过程，培养他们的创新思维和实践能力。同时，积极开展项目式学习，以真实的项目为载体，引导学生综合运用多学科知识解决实际问题。在项目实施过程中，学生需要进行团队协作、资料收集、方案设计和成果展示等环节，这不仅能够加深学生对知识的理解和应用，还能培养他们的团队合作能力、沟通能力和解决问题的能力。

在教学资源利用上，学校要充分发挥图书馆、实验室、多媒体教室等校内资源的作用。图书馆应丰富藏书种类，不仅要有丰富的学术书籍，还应涵盖各类科普读物、文学作品和实用技能书籍等，为学生提供广泛的阅读素材。学生通过阅读不同领域的书籍，能够拓宽视野，丰富知识储备，从不同的角度思考问题，为经验积累提供丰富的素材。实验室应配备先进的实验设备和器材，为学生提供良好的实验条件，让学生在实验中验证理论知识，发现新问题，培养观察能力和动手能力。多媒体教室则可以利用多媒体技术，为学生呈现丰富的教学内容，如通过视频、动画等形式展示科学实验过程、历史事件等，使学生更加直观地感受知识，加深对知识的理解和记忆。此外，学校还应积极与校外机构合作，拓展校外实践基地，如与科研院所、企业等建立合作关系，为学生提供参观、实习和调研的机会。学生在这些校外实践基地中，能够接触到实际的工作场景和前沿的技术应用，了解行业的发展动态和需求，积累宝贵的实践经验。

在学习环境营造方面，学校要营造积极向上、鼓励实践和创新的校园文化氛围。学校可以通过举办各类科技节、文化节、学科竞赛等活动，激发学生的学习兴趣和参与热情。在这些活动中，学生能够展示自己的才华和成果，与其他同学交流经验，互相学习，共同进步。同时，学校要对学生的实践成果和创新作品给予充分的认可和奖励，设立专门的奖项和荣誉称号，对表现优秀的学生进行表彰和宣传，激发学生的积极性和创造力。教师在课堂教学中，也应营造宽松、民主的教学氛围，鼓励学生积极提问、发表自己的见解，培养学生的批判性思维和创新精神。

三、环境磨练：外部塑造与内在成长

1. 规律解读：环境磨练的影响机制

良好的校园文化环境是培养拔尖创新人才的肥沃土壤。积极向上、充满创新活力的校园文化，能够激发学生的学习热情和创新欲望。在具有浓厚学术氛围的校园中，学生们会受到周围同学和教师的影响，更加积极主动地追求知识。学校举办的各类学术讲座、科技竞赛等活动，为学生提供了接触前沿知识和优秀人才的机会，拓宽了他们的视野，促使他们不断思考和探索新的问题。例如，一些重点高中定期邀请国内外知名专家学者来校讲学，分享最新的科研成果和学术观点。这让学生们能够站在更高的起点上，了解学科发展的动态，激发他们对学术研究的兴趣和热情。

家庭教育环境同样对学生的成长起着关键作用。家庭氛围的和谐与民主，能够给予学生充分的安全感和自信心，让他们敢于表达自己的想法和观点。父母的教育观念和行为方式，会潜移默化地影响学生的价值观和人生观。具有开放教育观念的父母，会鼓励孩子积极参与各种社会实践活动，培养孩子的独立思考能力和解决问题的能力。例如，父母经常带孩子参加各种文化活动、旅行

等，让孩子在实践中增长见识，拓宽视野，学会从不同的角度看待问题，这对孩子的思维发展和综合素质的提升具有重要意义。

面对困难和挫折时的应对方式，也是环境磨炼影响学生成长的重要方面。在高中阶段，学生们会面临各种学业上的压力和挑战，如考试失利、学习困难等。如果学生能够在良好的环境中得到正确的引导和支持，他们就能够学会如何应对挫折，调整心态，培养坚韧不拔的意志品质。例如，当学生在学习中遇到困难时，教师和家长能够给予鼓励和帮助，引导他们分析问题，寻找解决问题的方法，而不是一味地批评指责。这样学生就能够在挫折中不断成长，逐渐培养出强大的心理素质和应对困难的能力。

2. 案例佐证：环境磨炼成就的人才

中国的"水稻之父"袁隆平，他的成长同样受到了环境的深刻影响。袁隆平出生于战乱时期，从小就目睹了饥荒给人们带来的痛苦，这让他深刻认识到粮食的重要性，也激发了他为解决粮食问题而努力奋斗的决心。在求学过程中，袁隆平对农业科学表现出了浓厚的兴趣，他选择了西南农学院（今西南大学）农学系就读。大学期间，袁隆平不仅努力学习专业知识，还积极参加各种实践活动，深入田间地头，了解农作物的生长习性和农民的需求。这种实践经历，让他积累了丰富的农业生产经验，也培养了他脚踏实地、勇于探索的精神。

毕业后，袁隆平被分配到湖南安江农校任教。在那里，他一边教学，一边开展农业科研工作。当时，中国正面临着严重的粮食短缺问题，袁隆平决心通过自己的研究，培育出高产的水稻品种，为解决粮食问题贡献自己的力量。在研究过程中，袁隆平面临着诸多困难和挑战。如实验条件艰苦，缺乏先进的科研设备和技术支持；研究过程中多次失败，遭受了同行的质疑和批评。但袁隆平并没有被这些困难打倒，他始终坚持自己的信念，不断探索和尝试新的方法。1960年，袁隆平在稻田中偶然发现了一株天然杂交水稻，这一发现为他的研究带来了新的转机。此后，他带领团队经过多年的努力，成功培育出了高产的杂交水稻品种，使中国的水稻产量大幅提高，为解决全球粮食问题做出了巨大贡献。

袁隆平的成功，离不开他所处的时代背景和社会环境的磨炼。战乱和饥荒让他深刻认识到粮食的重要性，坚定了他的理想信念；艰苦的实验条件和多次失败的经历，锻炼了他的意志品质和解决问题的能力；社会对粮食问题的关注和需求，为他的研究提供了强大的动力和支持。正是这些环境因素的共同作用，成就了袁隆平这位伟大的科学家。

3. 培养建议：优化环境磨炼的教育举措

在校园文化建设方面，学校应着力打造具有鲜明特色和强大吸引力的校园文化，丰富校园文化活动的形式和内容，除了常规的科技节、文化节、体育赛事等，还可以举办各类主题展览、学术研讨会、创意设计大赛等活动。例如，举办以"未来城市"为主题的创意设计大赛，鼓励学生运用所学知识，发挥想象力，设计出具有创新性和前瞻性的城市规划方案。通过这样的活动，激发学生的创新思维和跨学科整合能力。另外，学校要加强校园文化设施建设，打造舒适宜人的校园环境，如建设现代化的图书馆、科技馆、艺术中心等，为学生提供良好的学习和交流空间。同时，注重校园文化氛围的营造，通过校园广播、校报、宣传栏等多种渠道，宣传优秀学生的事迹和创新成果，树立榜样，激发学生的学习动力和创新热情。

在家庭教育引导方面，学校要加强与家长的沟通与合作，定期举办家庭教育讲座，向家长传授科学的教育理念和方法；引导家长营造民主、和谐的家庭氛围，鼓励孩子积极参与家庭决策，培养孩子的独立思考能力和责任感。例如，在家庭中开展关于社会热点问题的讨论，让孩子发表自己的观点，家长给予积极的回应和引导。另外,家长要以身作则,为孩子树立良好的榜样,注重自身的学习和成长,不断提升自己的素养。同时,家长要关注孩子的兴趣爱好和特长发展,为孩子提供必要的支持和资源,鼓励孩子参加各种社会实践活动,拓宽孩子的视野。

在挫折教育实施方面,学校和家庭要共同重视对学生的挫折教育。学校可以开设专门的挫折教育课程,通过案例分析、角色扮演、小组讨论等方式,帮助学生正确认识挫折,掌握应对挫折的方法和技巧。例如,在挫折教育课程中,教师可以选取一些名人在面对挫折时坚持不懈、最终取得成功的案例,引导学生分析他们的应对策略和心态调整方法。在学生遇到挫折时,教师和家长要给予及时的关心和支持,鼓励学生勇敢面对挫折,引导他们从挫折中吸取教训,总结经验,培养坚韧不拔的意志品质。同时,学校可以设立心理咨询室,配备专业的心理咨询教师,为学生提供心理咨询和辅导服务,帮助学生缓解挫折带来的心理压力,保持积极乐观的心态。

四、自我修炼:内省提升与全面发展

1. 规律解读:自我修炼的核心要素

自我认知是自我修炼的基石,它如同精准的导航仪,引导学生清晰地认识自己的优势与不足。通过深入的自我观察,学生能够洞悉自己在学习、生活中的行为模式和思维习惯。例如,在学习过程中,学生可以观察自己在不同学科上的学习方法和效果,发现自己在数学解题时逻辑思维较强,但在语文写作中语言表达不够生动形象。通过对兴趣爱好的探索,学生能够明确自己真正热爱的领域,从而为未来的发展方向提供指引。一个对科技创新充满热情的学生,会在参与相关活动中不断挖掘自己在这方面的潜力,为未来投身科技领域奠定基础。

自我反思则是自我修炼的重要手段,它促使学生定期审视自己的行为、决策及其后果。在每次考试结束后，学生对自己的答题情况进行反思，分析错题的原因，是知识点掌握不牢，还是解题思路有误。在参与团队项目后，学生反思自己在团队中的表现，思考自己在沟通协作、任务分配等方面的优点和不足。通过这种不断的反思，学生能够总结经验教训，避免在未来犯同样的错误，实现自我纠错和自我提升。

目标设定与规划是自我修炼的动力源泉和行动指南。明确的短期目标能够让学生在日常学习中保持专注和动力。例如，学生设定在本学期末将数学成绩提高10分，为了实现这一目标，他会做详细的学习计划，包括每天额外做一套数学练习题、每周进行一次知识点总结等。长期目标则为学生的未来发展描绘了宏伟蓝图，激励学生不断努力。一位立志成为医生的学生，会从高中阶段就开始关注医学领域的动态，努力学习生物、化学等相关学科，为进入医学院校深造做准备。

自我约束与自律是自我修炼的保障，它帮助学生克服各种诱惑和困难，坚持朝着目标前进。在高中阶段，学生面临着众多的诱惑，如电子游戏、社交媒体等。自律的学生能够合理安排时间，抵制这些诱惑，将更多的时间和精力投入到学习和自我提升中。他们会制定严格的作息时间表，每天按时起床、学习、锻炼和休息，养成良好的生活习惯和学习习惯。在面对学习上的困难时，自律的学生不会轻易放弃，而是凭借坚定的意志和毅力，努力克服困难，不断提升自己的能力。

自我激励是自我修炼的催化剂，它让学生在面对挫折和压力时保持积极乐观的心态。当学生在学习中遇到难题无法解决时，通过自我激励，如给自己积极的心理暗示"我一定可以找到解决办法"，或者回忆自己曾经成功克服困难的经历，从而增强自信心和动力。在取得成绩时，学生也能通过自我激励，如奖励自己一本喜欢的书籍或参加一次户外活动，进一步激发自己的学习热情和积极性，不断追求更高的目标。

这些核心要素相互交织、相互作用，共同构成了自我修炼的有机整体。学生通过不断地强化这些要素，实现自我认知的深化、自我反思的常态化、目标设定的科学化、自我约束的严格化和自我激励的持续化，从而在高中阶段实现全面发展，为未来的人生道路奠定坚实的基础。

2. 案例佐证：自我修炼成就的卓越人才

华罗庚是中国著名数学家，他的成长同样离不开自我修炼的力量。华罗庚出生在江苏金坛县的一个贫困家庭，初中毕业后因家境贫寒而辍学。然而，他对数学的热爱从未减退，凭借着顽强的毅力和自我修炼的精神，踏上了自学数学的艰辛之路，利用一切可以利用的时间和资源进行学习。他白天在杂货铺帮父亲干活，晚上则在昏暗的灯光下独自钻研数学书籍。他深知自己没有接受正规教育的机会，因此更加珍惜每一次学习的机会，不断地自我激励，告诉自己要通过努力改变命运。

在学习过程中，华罗庚注重自我反思，每做完一道数学题，他都会认真分析解题思路，总结方法和技巧，思考是否还有其他更优的解法。这种不断反思和总结的习惯，使他的数学思维能力得到了极大的提升。同时，他还积极与其他数学爱好者交流，分享自己的学习心得和体会，从他人那里获取灵感和启发。经过多年的不懈努力和自我修炼，华罗庚在数学领域取得了卓越的成就。他在数论、代数、几何等多个领域都有重要的发现和贡献，成为了中国乃至世界著名的数学家。他的成功充分证明了，即使在艰苦的环境下，只要具备强烈的自我修炼意识和坚持不懈的努力，就能够实现自己的人生价值。

3. 培养建议：促进自我修炼的教育策略

在自我认知引导方面，学校可开设专门的课程，借助心理测试、兴趣探索、能力评估等多元化手段，引导学生深入了解自身的优势与不足。例如，通过性格测试，让学生明晰自己的性格类型，如外向型的学生更擅长与人沟通协作，内向型的学生则在深度思考和独立研究方面具有优势。学校还可组织学生参与各类社团活动和社会实践，更好地发现自己的兴趣点和潜力所在。如在参与科技创新社团的活动中，学生可能会发现自己对电子电路设计具有浓厚的兴趣和天赋。教师应定期与学生进行一对一的谈心谈话，关注学生的学习和生活情况，帮助学生正确认识自己的学习能力和发展方向。当学生在某一学科的学习上遇到困难时，教师要与学生一起分析原因，找出在学习方法、知识掌握等方面的问题，引导学生客观地认识自己的学习状况。

在自我反思培养方面，教师要在日常教学中融入自我反思的环节。每堂课后，预留一定时间让学生回顾本节课的学习内容，思考自己的学习收获和存在的问题。在语文课堂上，教师可以让学生在课后反思自己对课文的理解是否深入，写作技巧的掌握是否熟练。每周安排一次专门的反思时间，让学生对本周的学习、生活和社交情况进行全面反思，并以日记或周记的形式记录下来。教师要认真批改学生的反思记录，给予针对性的反馈和建议，引导学生不断改进。学校可以开展反思分享会，邀请学生分享自己的反思成果和成长经验，促进学生之间的相互学习和交流。在分享会上，学生可以从他人的反思中获得启发，学习到不同的思考方式和解决问题的方法。

在目标设定与规划指导方面，教师要帮助学生设定合理的短期和长期目标。在设定短期目标时，要确保目标具体、可衡量、可实现。如在化学学习上，学生可以设定本周内掌握某一章节的知识点，能够独立完成课后的练习题，并在本周的小测验中取得进步。对于长期目标，教师要引导学生结合自己的兴趣爱好、职业规划和社会需求来确定。立志成为医生的学生，教师可以指导他们了解医学专业的发展趋势和就业前景，帮助他们制订从高中到大学的学习计划，包括选择相关的学科、参加医学科普活动等。另外，学校可以邀请各行各业的成功人士来校举办讲座，分享自己的职业发展路径和目标设定的经验，为学生提供借鉴和启示。成功的企业家可以分享自己如何在创业过程中设定目标并逐步实现的经历，激励学生树立远大的理想和目标。

在自我约束与自律能力培养方面，学校要制定明确的规章制度，培养学生的规则意识和自律习惯。通过主题班会、校规校纪学习等活动，让学生了解学校的各项规章制度，并明确违反规定的后果。教师要以身作则，为学生树立自律的榜样。在课堂上，教师要严格遵守上课时间，认真备课，以严谨的教学态度影响学生。学校可以开展自律挑战活动，如"21天自律打卡挑战"，鼓励学生在学习、生活等方面养成自律的习惯。学生可以选择自己想要改进的方面，如每天早起读书、坚持锻炼等，通过连续打卡的方式培养自律能力。在挑战过程中，学生可以相互监督、相互鼓励，共同提高自律水平。

在自我激励引导方面，教师要善于发现学生的闪光点和进步，及时给予肯定和鼓励。在课堂上，当学生回答问题正确或提出有创意的想法时，教师要给予表扬和奖励，增强学生的自信心和学习动力。学校可以设立多种奖项，如"进步之星""创新之星""品德之星"等，对在不同方面表现优秀的学生进行表彰和奖励。同时，教师要引导学生学会自我激励，当学生遇到困难和挫折时，鼓励他们通过自我暗示、回忆成功经历等方式，保持积极乐观的心态，激发自己的内在动力。学生在参加比赛失利后，教师可以引导他们回顾自己在比赛准备过程中的努力和进步，鼓励他们相信自己下次一定能够取得更好的成绩。

高中阶段作为拔尖创新人才培养的关键时期，其内部规律的探索对于提升教育质量、培养适应时代需求的高素质人才具有不可估量的价值。通过对聪明才智、经验积累、环境磨炼、凡是效应和自我修炼这五个核心维度的深入剖析，我们清晰地认识到，这些要素相互交织、彼此促进，共同构成了拔尖创新人才成长的坚实框架。

聪明才智是学生成长的内在驱动力，其涵盖的思维能力、学习能力以及对知识的敏感度和好奇心，为学生打开了探索知识的大门。经验积累则是知识沉淀与能力进阶的必由之路，通过丰富的学习经历、实践活动和生活体验，学生不断将所学知识内化为自身的能力和素养。环境磨炼从校园文化、家庭教育、社会环境等多个层面，为学生提供了成长的土壤，塑造着学生的思维模式、意志品质和实践能力。自我修炼则是学生实现内省提升与全面发展的核心要素，通过自我认知、自我反思、目标设定与规划、自我约束与自律以及自我激励，学生不断突破自我，实现个人价值的最大化。

展望未来，随着教育改革的不断深入，我们有理由相信，通过对高中拔尖创新人才培养内部规律的持续探索和实践，将会有更多具有创新精神、实践能力和社会责任感的拔尖创新人才脱颖而出，为国家的繁荣昌盛和社会的进步发展贡献自己的力量。高中教育也将在培养拔尖创新人才的征程中，不断焕发出新的生机与活力，书写更加辉煌的篇章。

第三章 03

高中化学拔尖创新人才培养路径研究

本章以县域高中化学拔尖创新人才培养路径研究为例，对于高中拔尖创新人才培养实践探索进行阐述。

第一节 研究的背景与文献综述

一、研究背景

在 21 世纪的今天，全球竞争的核心在于人才的竞争，而拔尖创新人才更是推动国家科技进步与社会发展的关键力量。培养造就大批德才兼备的高素质人才，是国家和民族长远发展的大计。这一战略定位不仅体现了教育在国家发展中的重要地位，更为新时代的教育工作指明了方向。高中化学作为自然科学的重要组成部分，对于培养学生的科学素养、创新思维和实践能力具有不可替代的作用。

随着新课标、新教材、新高考的深入实施，高中化学教育教学面临着前所未有的挑战与机遇。新课标强调核心素养的培养，新教材注重知识的系统性与时代性，新高考注重对学生综合素质和创新能力的考查。这一系列变革，要求我们在高中化学教育中关注知识的传授，更要注重学生创新能力的培养，探索出一条适合高中化学拔尖创新人才培养的路径。

山东省教育厅等 4 部门联合下发的《关于实施强科培优行动 推进普通高中特色多样发展的实施意见》（以下简称《意见》），为高中化学拔尖创新人才的培养提供了政策支持和方向指引。该《意见》指出，普通高中要加强与高等学校衔接，强化教科研支撑，探索拔尖创新后备人才培养新模式。这一政策导向，既是对新时代教育要求的积极响应，也是对高中化学教育的创新推动。

二、理论基础

1. 三环英才理论

三环英才理论是一种关于人才成长与发展的综合性理论，强调人才成长的三个关键环节：基础环、发展环和创新环。

基础环：这一环节侧重于基础知识的扎实掌握与基本技能的熟练。需要重视反应原理、元素化合物知识的教学，通过精讲多练、实验探究等方式，帮助学生构建起坚实的化学知识体系。同时，注重学生实验技能、观察分析能力的培养，为后续的创新活动奠定坚实基础。

发展环：在基础环之上，发展环强调学生综合素质的全面提升与个性化发展。在高中化学教学中，要求我们不仅要关注学生的学习成绩，更要关注学习态度、创新思维等综合素质的培养。通过组织化学竞赛、科技创新活动等，激发学生的求知欲与创新精神，促进其全面发展。

创新环：要求学生能够运用所学知识解决实际问题，进行原创性研究与探索。在高中化学教学中，我们应鼓励学生参与课题研究、发明创造等活动，培养其独立思考创新能力。同时，加强与高校、科研院所的合作，为学生提供更广阔的创新平台与空间。

2. 建构主义学习理论

建构主义学习理论强调学生的主体性和主动性，认为学习是一个主动建构知识的过程。

以学生为中心：在化学教学中，我们应充分尊重学生的主体地位，关注学生的个体差异与需求，采用多样化的教学方法与手段，激发学生的学习兴趣与积极性。通过问题导向、任务驱动等教学策略，引导学生主动参与学习过程，自主建构化学知识体系。

情境化教学：建构主义学习理论强调学习情境的重要性。高中化学教学中，我们应努力创设贴近学生生活实际、富有挑战性的学习情境，让学生在真实的情境中掌握化学知识。通过情境化教学，增强学生的学习体验与感受，提高其解决实际问题的能力。

合作学习：建构主义学习理论鼓励合作学习与互动交流。在县域高中化学教学中，我们应积极组织学生开展小组合作学习、讨论交流等活动，促进学生之间的思想碰撞。通过合作学习，培养学生的团队协作能力、沟通表达能力及批判性思维等综合素质。

3. 创新人才培养理论

创新人才培养理论是指导拔尖创新人才培养的重要理论基础，要充分借鉴创新人才培养理论的研究成果与实践经验，探索适合县域高中化学拔尖创新人才培养的路径。

强化创新意识培养：创新意识是创新人才培养的先导。在县域高中化学教学中，我们应注重培养学生的创新意识与创新精神，鼓励学生勇于挑战传统观念、敢于提出新观点与新思路。通过组织创新竞赛展示等活动，激发学生的创新潜能与创造活力。

注重创新能力培养：创新能力是创新人才的核心素质。在县域高中化学教学中，我们应注重培养学生的创新思维与实践能力，通过开设创新实验课程、组织科研等方式，提供实践机会与平台；加强对学生创新思维方法与技能的培养与训练，提高其解决实际问题的能力与水平。

优化创新环境建设：创新环境是创新人才培养的重要保障。在县域高中化学教学中，我们应努力营造自由开放、鼓励创新的良好氛围与环境，通过加强校园文化建设、完善创新激励机制等方式，为学生提供资源与支持条件。

4. 新课程改革理念

新课程改革理念强调以学生为中心、注重个性发展的原则。

树立全面育人观念：新课程理念要求我们在化学教学中树立全面育人的观念，关注学生的全面发展与个性发展。在县域高中化学教学中，我们应兼顾科学素养、人文素养及创新精神等综合素质；同时关注学生的个体差异与需求，采用多样化的教学方法与手段。

强化课程整合：新课程改革理念强调课程整合与拓展的重要性。在县域高中化学教学中，我们应注重化学课程与其他学科的整合与融合；同时加强化学课程内容的拓展与深化，引入更多具有时代性、前沿性的化学知识与技术成果；通过课程整合与拓展，拓宽学生的知识视野与思维空间。

注重教学评价与反馈：新课程改革理念要求我们在化学教学中注重教学评价。在县域高中化学教学中，我们应建立多元化、发展性的教学评价体系；通过形成性评价与终结性评价相结合的方式，全面了解学生的学习情况与发展；注重教学反馈，及时调整教学策略与方法以提高教学效果与质量。

三、相关研究成果

第一，国内外培养路径对比。

在我国，当前的培养模式普遍依赖于教师主导的课堂教学，强调知识传授和考试成绩，缺乏对学生创新能力的培养。与此同时，部分高水平高中已开始尝试多元化的实践活动和项目研究，通过竞争性选拔和跨学科合作提升学生的综合素养。例如，部分省市采用自主招生政策，面向全省范围内的拔尖学生，激发其主动学习和创新的动力。

国外教育体系尤其在创新人才培养方面，采用了不同于我国的实践导向模式。英国的化学教育强调实验操作与科学探究，教学大纲规定每位学生至少需进行一定小时的实验活动，通过实践提升实验设计和数据分析能力。此外，ALevel课程的广泛应用，促进了学生在选科、学术研究方面的自主性，激励学生进行深入探讨和自主学习。

德国的教育体系实施"双元制"教育模式，理论与实践相结合。在高中阶段，学生不仅需完成学术课程，还能参与企业实习，在实际工作中学习化学知识的应用。此模式显著提高了学生的职业技能和创新能力，使他们在进入高等教育或职场时更具竞争力。

各国在培养创新人才方面，都强调激发学生的自主学习和实践能力，都采用灵活的评估标准，注重学生的创造性和多样性，鼓励他们进行跨学科探索与合作创新。数据显示，参与课外科学活动的学生，在创新能力和实践能力方面显著高于未参与的学生，表明实践与理论相结合的培养路径更有效。

第二，现有问题与挑战。

教师专业素质不足是一大瓶颈。许多县域学校在师资力量方面存在缺口，高层次、高专业化的化学教师数量相对稀缺。根据某调查，县域高中化学教师中仅有约30%具备硕士及以上学位，这进一步影响了教学质量和学生的创新能力培养。

课程设置与实际需求脱节。当前，化学课程偏重知识的灌输，忽视了实践与创新能力的培养。根据同行评估，约60%的学生表示在化学课程中缺乏动手实践的机会，导致学生的创新思维与实践能力难以形成。同时，课程内容更新滞后，未能紧跟科学技术的发展，进而影响学生对前沿化学研究的接触与理解。

除了教学内容的问题，创新人才的评价体系同样存在不足。目前的评价方式主要以考试为主，重视理论知识的测评，忽视了学生在实验技能、创新思维和综合素质等方面的实际表现。调查显示，95%的高中生认为现有的评估手段无法真实反映他们的能力。此种单一的评价标准无疑制约了学生全面素质的发展，特别是在化学创新能力的培养上缺乏有效的激励机制。

资源配置不均也是一大挑战。县域学校通常在实验设备、科研经费以及学习资源等方面处于劣势。在全国范围内，不同省市县域之间的资源配置差异极为明显，许多偏远地区的化学实验室设备老旧，缺乏现代化的实验材料与技术支持，使得化学实践教学的质量无法保障，直接影响了学生的实验能力与创新意识的培养。

家校合作不足也是制约创新人才发展的一个重要因素。许多家长对科学教育的重视程度不足，导致学生在家庭环境中缺乏对化学学科的兴趣培养。根据调研显示，仅有不到40%的家长积极参与到课外科学活动中，形成了学校与家庭之间的教育脱节，影响了学生自主学习与探究能力的培养。

第三，政策支撑与实践案例。

在新高考背景下，政策支撑为高中化学拔尖创新人才的培养提供了重要依据。教育部近年来发布的多项政策，明确提出要增强学生的创新能力和实践能力，鼓励地方教育行政部门依据自身特点制订相应措施。这些政策为各地高中化学课程的改革提供了方向。

在某县高中化学教学中，实施了"化学探究性学习"模式，重点强调学生的实验能力与问题解决能力。实践中，以"项目驱动"为核心，选取"水资源的保护与合理利用"作为主题，组织学生进行实际调研和实验。结果显示，参与该项目的学生在化学实验技能的测试中，平均提高了15%。此外，该县还建立了"科技创新实验室"，具备完成多种实验的设备。经过一年的使用，涌现出多个省级和国家级的科研项目，彰显了实践教学的有效性。

有些高中还探索了"翻转课堂"教学模式，前期通过在线平台进行知识讲解，课堂上则集中进行讨论与实验操作。这种模式在实施后三个月内，学生对化学知识的掌握率提升了 25%，同时激发了学生的学习兴趣，形成了积极的学习氛围。

综上所述，借鉴以上国内外的成功经验，对于我国县域高中的化学拔尖创新人才培养，亟需转变教育理念，以实践为导向，鼓励学生主动参与创新活动，探索符合本地区特点的培养路径，并加强科研与实际应用的结合，提高学生的综合素质和创新能力。针对县域高中存在的问题开展深入研究，探索符合县域实际的化学拔尖创新人才培养路径，才能有效推动学生在化学学习中的创新能力与实践能力的提升，助力"三新"背景下的人才培养目标的实现。

第二节　优化拔尖课程路径，以高考理念育拔尖人才

本研究以优化高中化学拔尖创新人才培养拔尖课程路径为目标，以培养学生基础知识无漏洞为出发点，优化拔尖培养，贯彻高考育人理念。

一、夯实必备知识，确保基础没有漏洞

这是高中化学拔尖创新人才培养的基础性要求。

1. 基于三环英才理论，需要转变教学方式，激活学习动力，促进深度学习

教学方式要从灌输到引导，传统的教学模式往往侧重于知识的单向灌输，而在"三新"背景下，我们积极倡导教师角色的转变，从知识的传授者转变为学习的引导者和促进者。通过设计真实的问题情境、组织讨论交流、鼓励自主探究等方式，激发学生的学习兴趣，引导他们主动探索化学世界的奥秘，从而构建起扎实的基础知识体系。样本学校推行"双向三段五环"教学模式，推进

"问题驱动+合作交流"的课堂建设,优化"明标""研学""展学""导学""练学""悟学"的"六步教学"法。通过抓学习管理,向规范要成绩;抓作业管理,向落实要成绩。教学要融合信息技术,充分利用现代信息技术手段,如多媒体教学、虚拟实验室、在线课程等,丰富教学资源,拓展学习渠道。这不仅提高了教学效率,还使抽象的化学概念直观化、生动化,有助于学生更好地理解和掌握化学知识。样本班级借助智慧平台进行数字化教学实践,取得了非常好的学习效果。教学要注重实践探究,化学是一门以实验为基础的科学。我们鼓励学生参与实验设计、操作、分析和反思的全过程,培养他们的实验操作技能和科学思维能力。同时,通过课外科技活动、化学竞赛等形式,为学生提供更多的实践机会,激发他们的创新潜能。样本学校每周三下午会开放实验室和阅览室,开设各种社团,鼓励学生通过实践获取知识和能力。

2. 基于建构主义学习理论,要更新学习方式,培养自主学习能力,形成优秀的化学思维习惯

自主学习与合作学习要融合。引导学生树立自主学习意识,学会制订学习计划、选择学习资源、监控学习过程并评价学习结果。同时,通过小组合作、项目式学习等方式,培养学生的团队协作能力和批判性思维。这种学习方式的转变,有助于学生形成独立思考、勇于创新的学习品质。样本学校每天晚自习都安排25分钟合作学习时间,以小组为单位进行合作交流,教师进入教室解疑答难,学生非常喜欢这种学习方式。反思性学习要培养。反思是学习的重要环节,在学习过程中不断反思自己的学习方法、过程和结果,及时总结经验教训,调整学习策略。通过反思性学习,学生能够更加清晰地认识到自己的优势与不足,从而有针对性地提升自我。样本班级每天最后一节自习都要进行一天的学习反思和总结,做到今日事今日毕。化学思维习惯要塑造。

化学思维是化学学科的核心素养之一，我们注重通过化学史教育、科学方法论教学等途径，培养学生的逻辑思维、抽象思维、模型思维等化学特有的思维方式。同时，通过解决实际问题、探究未知领域等活动，让学生在实践中锻炼和提升化学思维能力。

3. 夯实高中化学基础知识是拔尖创新人才培养的基石

没有扎实的基础知识作为支撑，创新能力的培养就如同空中楼阁。然而，夯实基础并不意味着死记硬背或机械训练。相反，它应该是一个促进学生理解、应用、创新的过程。在这个过程中，教师需要精心设计教学活动，引导学生深入理解化学概念和原理，掌握科学探究的基本方法，为后续的创新活动打下坚实的基础。教学方式和学习方式的变革是相互依存、相互促进的。教学方式的转变能够激发学生的学习兴趣和动力，促进他们主动学习；而学习方式的更新则能够使学生更加自主地掌握知识和技能，形成优秀的学习习惯和思维品质。这种相互促进的关系使得我们的教学改革更加深入有效。

二、培养关键能力，开设高阶思维课程

这是高中化学拔尖创新人才培养的核心技术。

1. 构建多维度能力提升框架

核心概念教学。在"三新"背景下，我们深刻理解到化学教学不应仅仅局限于知识的传授，更应注重学生关键能力的培养。核心概念作为化学学科的基石，其掌握程度直接影响学习的深度与广度。我们确立了以核心概念为中心的教学理念，通过强化核心概念的教学，帮助学生构建起稳固的知识体系。同时，我们注重将科学精神、创新思维等教育理念融入日常教学中，引导学生形成正确的价值观和学习态度。为了有效培养学生的关键能力，我们进行了大量的教学设计与实践。在教学设计中，我们注重情境的创设与问题的引导，让学生在

真实或模拟的情境中学习化学知识，体验科学探究的过程。例如，在"氧化还原反应"的教学中，我们设计了"铁钉生锈的探究实验"，让学生通过观察、记录、分析实验现象，深入理解氧化还原反应的本质。此外，我们还引入了"翻转课堂""项目式学习"等现代教学模式，鼓励学生自主学习、合作探究，进一步提升其学习能力与创新能力。高阶思维课程的开设。高阶思维是指超越简单记忆与理解的思维能力，包括分析、综合、评价、创造等。为了培养学生的高阶思维能力，我们专门开设了高阶思维课程。这些课程以化学竞赛、科研项目为载体，通过挑战性的学习任务和深度思考的训练，激发学生的探究欲望和创新潜能。例如，我们组织了学生参与省级、国家级的化学竞赛，通过竞赛的历练，学生的思维能力得到了显著提升。同时，我们还鼓励学生参与教师的科研项目，通过亲身参与科研过程，培养学生的科研素养和创新能力。

2. 在真实情境下培养分析问题解决问题的能力

高考化学命题情境主要包括日常生活情境、生产环保情境、学术探究情境、实验探究情境、化学史料情境。在化学教学中，我们注重将理论知识与实际应用相结合，通过创设真实或模拟的情境来培养学生的问题解决能力。例如，在"环境保护与化学"我们设计了"家乡"的实践活动。学生需要分组合作，对家乡的水质进行采样、检测和分析，并提出改善水质的建议。这一过程中，学生不仅掌握了相关的化学知识，还学会了如何在真实情境中分析问题、解决问题。为了进一步提升学生的问题解决能力，我们还引入了案例分析的教学方法。我们选取了一些与化学相关的社会热点问题和科学研究案例进行分析和讨论。通过引导学生分析案例的背景、问题、解决方案等要素，帮助学生掌握。同时，我们还鼓励学生进行实践反思和总结归纳，将所学知识内化为自己的能力和素养。样本班级在讲授有机化学时，就开设了以"知甜味百剂，享甜蜜人生"的项目式学习，以生活中熟悉的阿斯巴甜为线索开展系列学习。

三、提升学科素养，开发实验拓展课程

这是高中化学拔尖创新人才培养的重要目标。

1. 提升学科素养是拔尖创新人才培养的基石

理论与实践并重，深化化学知识的理解。研究发现，通过强化理论教学与实验操作的紧密结合，学生不仅能够牢固掌握化学基础知识，还能在解决实际问题中灵活运用这些知识。我们开齐了所有规定的演示实验和分组实验课，确保每位学生都能亲手操作，亲身体验化学反应的奇妙过程，从而加深对化学原理的理解。此外，我们还鼓励学生参与课外科研活动，如化学竞赛、科研项目等，将所学知识应用于更广泛的实践领域，进一步提升其学科素养。

跨学科融合，拓宽知识视野。在提升学科素养的过程中，跨学科融合显得尤为重要。我们积极拓展高中与大学化学内容的衔接，引入了一些大学阶段的化学基础知识，如量子化学、分子轨道理论等，以激发学生的学习兴趣和探索欲望。同时，我们还鼓励学生关注化学与其他学科的交叉领域，如生物化学、环境化学等，培养其综合运用多学科知识解决问题的能力。

2. 开发实验拓展课程是拔尖创新人才培养的关键

创新实验设计，激发探究精神。实验拓展课程的开发是本研究的核心内容之一。我们设计了一系列具有创新性和挑战性的实验项目，如绿色化学合成、纳米材料制备等，旨在培养学生的创新思维和实践能力。在实验过程中，我们鼓励学生自主设计实验方案、选择实验材料、分析实验结果，并在教师指导下不断优化实验过程。这种探究式的学习方式极大地激发了学生的探究精神，提高了他们的实验操作能力和问题解决能力。

转变思维方式，培养科研素养。实验拓展课程不仅关注实验技能的培养，更重视学生思维方式的转变。我们引导学生从传统的接受式学习向探究式学习转变，从被动接受知识向主动探索未知转变。在实验过程中，我们鼓励学生提出问题、假设验证、数据分析等科研活动的基本流程，培养其科研素养和创新能力。同时，我们还注重培养学生的批判性思维和团队合作精神，为其未来的科研道路打下坚实的基础。

3. 开发实验拓展课程的挑战与对策

挑战主要是，高中化学实验室资源有限，难以满足所有学生的实验需求。部分教师缺乏开发创新实验的经验和能力，难以指导学生完成高难度的实验项目。学生之间的学习能力和兴趣差异较大，难以统一教学进度和难度。对策主要是，政府和教育部门应加大对县域高中化学教育的投入力度，改善实验条件并引进先进的教学设备。加强对化学教师的专业培训，提升其开发创新实验的能力和水平。同时鼓励教师参与学术交流活动，借鉴其他地区的成功经验。此外，根据学生的学习能力和兴趣差异实施分层教学策略，为不同层次的学生提供适合的教学内容和难度；鼓励学生之间的合作与交流，促进共同进步。

四、重视育人理念，探索化学思政融合

这是高中化学拔尖创新人才培养的重要目的。

1. 价值观塑造与社会责任意识

化学学科蕴含着丰富的价值观教育素材。从化学史的角度来看，许多化学家的故事体现了执着、奉献和探索精神。例如，居里夫人在艰苦的条件下发现镭元素，她不顾辐射的危害，多年如一日地坚持研究。这一事迹不仅展现了科学家对真理的不懈追求，更是一种无私奉献的精神写照。在高中化学教学中融入这些故事，可以培养拔尖创新人才坚韧不拔的毅力和为科学献身的

精神。同时，化学与社会发展息息相关。当今社会面临着诸多环境问题，如酸雨的形成与化学污染物的排放有关，温室气体的排放影响全球气候变暖。通过化学知识的传授，让学生明白化学在这些问题中的角色，引导他们思考如何利用化学知识解决这些问题。这有助于培养学生的社会责任意识，使他们意识到自己作为未来的创新人才，有责任为改善环境、推动社会可持续发展贡献力量。

2. 科学思维与辩证唯物主义观点

化学是一门以实验为基础的科学，在实验过程中，学生需要运用观察、分析、推理等科学思维方法。例如，在探究化学反应速率的影响因素时，学生通过设计实验、改变变量、观察现象、分析数据等步骤，得出结论。这种科学思维的训练对于拔尖创新人才的培养不可或缺，而辩证唯物主义观点在化学教学中也有着深刻的体现。化学反应中的对立统一关系无处不在。如氧化还原反应中，氧化反应和还原反应是同时发生的，它们相互依存、相互对立。这种辩证关系的理解有助于学生建立全面、科学的思维方式。在培养拔尖创新人才时，科学思维与辩证唯物主义观点的融合可以让学生更加深入地理解化学现象背后的本质，提高他们解决复杂问题的能力。当面对化学科研中的难题时，他们能够从多角度思考，运用辩证的思维分析利弊，寻找最佳的解决方案。

3. 文化自信与国际视野

化学在不同的国家和民族文化中都有着独特的体现。在中国古代，炼丹术是化学的早期形态，我国古代的炼丹家们在长期的实践中积累了许多化学知识。如黑火药的发明，就是我国古代化学智慧的结晶。在高中化学教学中引入这些内容，可以增强学生的文化自信，让他们认识到我国在化学发展史上也有着辉煌的成就，从而激发他们传承和发扬传统文化的责任感。同时，在全球化的今天，化学研究是一个国际合作与竞争的领域。通过介绍国际前沿的化学研究成果，如新型材料的研发、新能源的探索等，让学生了解国际化学研究的动态。这有助于拓宽学生的国际视野，使他们在未来的化学创新领域中能够站在国际前沿，与世界各国的科学家交流合作。例如，在讲解碳纳米管等新型材料时，可以提及国际上不同研究团队的成果，鼓励学生积极参与国际化学研究的交流，汲取不同文化背景下的创新思维。

4. 职业理想与创新精神

高中化学教学中的育人理念与思政融合还能对学生的职业理想产生积极影响。当学生深入了解化学学科的魅力和应用价值后，可能会激发他们投身化学相关职业的理想，无论是成为一名化学科研工作者，探索未知的化学世界；还是从事化学工程相关工作，为化工产业的发展添砖加瓦。创新精神则是拔尖创新人才的核心品质。在化学教学中，鼓励学生质疑传统的化学理论和方法，培养他们的创新思维。例如，在有机化学的学习中，引导学生探索新的有机合成路线，对现有的化学反应进行改进。通过营造创新的教学氛围，让学生在追求职业理想的道路上，始终保持创新精神，不断为化学领域的发展带来新的活力和突破。

总之，重视育人理念，探索化学思政融合是高中化学拔尖创新人才培养的重要目的。通过在价值观塑造、科学思维培养、文化自信建立以及职业理想与创新精神的激发等多个方面的努力，能够为培养具有高度社会责任感、科学素养、文化底蕴和创新能力的化学拔尖创新人才奠定坚实的基础。

第三节 重视竞赛培优路径，以贯通培养育创新栋梁

本研究以优化高中化学拔尖创新人才培养竞赛培优路径为目标，以培养学

生创新能力为出发点，优化化学竞赛培养，进行贯通培养探索。

一、初中选苗，奠定化学竞赛人才选拔的基础

1. 融入化学史教育与趣味实验教学

在激发探索热情方面，从初中开设化学常规课后，化学教师们就要开始融入化学史教育。化学史是化学学科发展的脉络，它承载着无数化学家的智慧结晶和探索历程。当学生们在课堂上聆听着门捷列夫如何发现元素周期表，拉瓦锡如何通过精确的实验推翻燃素说等故事时，他们仿佛穿越时空，置身于那些伟大的科学发现现场。这种对化学史的了解，不再让化学知识仅仅是书本上枯燥的条文，而是充满了故事性和传奇色彩的宝藏。而趣味实验教学更是将化学的魅力直观地展现在学生面前。例如，"大象牙膏"实验中，过氧化氢在催化剂的作用下迅速分解，产生大量像牙膏一样的泡沫涌出容器，这种视觉上的冲击极大地激发了学生们探索化学奥秘的热情。他们开始好奇，是什么原理让这样看似神奇的现象发生？这种热情是学生们深入学习化学的源动力，也为化学竞赛人才的选拔提供了兴趣导向。在培养积极态度方面，趣味实验教学和化学史教育还让学生们对化学学习充满了期待和向往。化学不再是一门需要死记硬背的学科，而是充满趣味和探索性的领域。学生们在期待每一次化学课上的趣味实验，期待听到更多化学史上的传奇故事。这种积极的态度使得他们在化学学习上更加主动。例如，有的学生可能会在课后主动查阅化学史资料，或者尝试自己在家做一些简单的化学趣味实验。这种主动探索的态度是化学竞赛所需要的重要品质，因为化学竞赛要求学生具备独立思考和自主探索的能力。

2. 观察学生表现，精准筛选

首先要进行多维度观察记录。在初中选苗阶段，化学教师们细心观察并记

录着学生们的学习习惯、态度、思维深度以及探究欲望和好奇心等方面的表现。学习习惯包括学生的课堂听讲习惯、笔记记录习惯以及课后作业完成习惯等。例如，那些在课堂上能够专注听讲，积极做笔记，并且认真完成课后作业的学生，往往在学习上具有较强的自律性。态度方面，除了前面提到的对化学学习的积极态度，还包括对待困难的态度。在化学学习中，难免会遇到一些较难理解的概念或者实验现象，那些不轻易放弃、积极寻求解决方法的学生，更有可能在化学竞赛中有所建树。思维深度则体现在学生对化学问题的思考能力上，比如对于一个化学现象，能否从多个角度去分析原因，能否进行深入的逻辑推理等。探究欲望和好奇心则是学生对未知化学知识的渴望程度。具有强烈探究欲望和好奇心的学生，会不断地追问"为什么"，这种品质有助于他们在化学竞赛中深入挖掘知识。再就是要精准选拔目标学生。通过对学生在这些方面的多维度观察，教师们能够精准地筛选出适合参加化学竞赛的学生群体。那些在学习习惯、态度、思维深度以及探究欲望和好奇心等方面表现优秀的学生，往往具有更大的潜力参加化学竞赛。例如，一个学生不仅对化学趣味实验充满好奇，课后还会主动深入探究实验背后的原理，在课堂上能够积极思考老师提出的问题，并且有着良好的学习习惯，那么这个学生就很可能被选拔为化学竞赛的苗子。这种精准选拔的方式，能够确保被选中的学生具备参加化学竞赛的基本素质，为后续的育苗和保苗阶段奠定良好的基础。

二、高一育苗，夯实化学竞赛的知识与能力基础

1. 基础知识传授与拓展教学

在基础知识落实方面，从学生们中考结束就开始了高中化学基础知识的学习之旅。在这个阶段，教师们注重基本概念和基本原理的传授是非常关键的。高中化学的基本概念如物质的量、氧化还原反应等，是构建整个化学知识体

系的基石。如果学生不能准确理解这些基本概念，后续的学习将会举步维艰。例如，物质的量这个概念，它将微观的粒子数目与宏观的物质质量联系起来，是化学计算的核心概念之一。教师通过详细的讲解、实例分析等方式，让学生们深刻理解这些概念的内涵和外延。同时，对于化学基本原理，如化学平衡原理，教师会通过实验演示、动画模拟等多种手段，让学生直观地看到化学平衡的动态过程，从而更好地掌握原理。这种对基础知识的扎实传授，为学生们在化学竞赛中解答各种类型的题目提供了坚实的理论支撑。在大学化学基础内容渗透方面，教师们还要进行深入的拓展教学，引导学生们逐步接触并理解大学化学的基础内容。这是因为化学竞赛的内容往往会涉及大学化学知识的初步应用。例如，在有机化学部分，高中化学主要涉及一些基础的有机物如甲烷、乙烯等的性质和反应，而化学竞赛可能会涉及更复杂的有机反应机理和立体化学知识。教师通过在课堂上适当引入大学有机化学中的一些概念和反应类型，如亲核取代反应、亲电加成反应等，拓宽了学生的知识面。这种拓展教学让学生们提前接触到更高级的化学知识，不仅有助于他们在化学竞赛中脱颖而出，还能激发他们对化学学科更高层次的探索欲望。

2. 解题思路渗透与求知欲激发

进入高一以后，教师有意识地渗透化学竞赛的解题思路和解决问题的思维方式，这对于学生参加化学竞赛具有重要意义。化学竞赛题目往往具有较强的综合性和创新性，与常规的高中化学题目有所不同。例如，在化学竞赛的无机化学部分，题目可能会涉及多种元素及其化合物的性质、反应的综合考查，需要学生能够灵活运用所学知识，从多个角度去分析问题。教师通过在课堂上讲解一些竞赛例题，引导学生分析题目中的关键信息，找出解题的突破口，培养学生的逻辑思维能力和综合分析能力。例如，在一道关于元素推断的竞赛题中，教师会教学生如何根据元素的原子结构、物理性质、化学性质等多方面的信息进行综合推断，这种解题思路的渗透能够让学生在面对化学竞赛题目时更加从容。在利用竞赛试题挑战赛激发学生求知欲方面，教师更要精心设计。当学生们接触到真正的化学竞赛初赛试题时，他们会发现这些题目具有很大的挑战性，但同时也充满了吸引力。这种挑战能够激发学生的斗志，让他们意识到自己在化学知识和解题能力上还有很大的提升空间。例如，在一次初赛试题挑战赛中，学生们会遇到各种类型的化学竞赛题目，有些题目可能是他们从未见过的题型或者涉及他们尚未完全掌握的知识领域。这会促使他们在赛后主动去学习相关知识，查阅资料，向老师和同学请教，从而提高自己的化学水平。这种求知欲的激发是学生在化学竞赛道路上不断前进的动力源泉。

三、高二保苗，助力化学竞赛选手突破瓶颈全面发展

1. 个性化教学与心理辅导

随着高二保苗阶段的到来，学生学习竞赛到了瓶颈期，教师们会根据学生们的学习情况和兴趣特点，制订更为个性化的教学计划。每个学生在化学竞赛学习过程中所面临的问题和优势都不尽相同。例如，有些学生在有机化学部分掌握得较好，但在无机化学的复杂计算方面存在困难；而有些学生则可能在化学实验设计方面具有独特的创意，但在理论知识的记忆上有所欠缺。针对这些不同的情况，教师会制订个性化的教学计划。对于在无机化学计算方面有困难的学生，教师可能会为其专门安排一系列的计算专项训练，从基本的化学方程式计算到复杂的氧化还原反应计算等；对于理论知识记忆有欠缺的学生，教师会采用一些记忆技巧的教学方法，如制作思维导图、编写记忆口诀等。这种个

性化的教学计划能够针对学生的具体问题进行有针对性的解决，提高学生的化学竞赛水平。在这个阶段，除了知识上的教学，心理辅导也非常重要。学生们在面对化学竞赛的瓶颈期时，往往会产生焦虑、沮丧等不良情绪。这些情绪如果得不到及时的疏导，将会影响他们的学习效果。例如，有些学生在多次竞赛模拟考试成绩不理想后，可能会对自己产生怀疑，认为自己不适合参加化学竞赛。教师应通过心理辅导，帮助学生正确认识自己的学习过程。教师会告诉学生，瓶颈期是学习过程中的正常阶段，每个人都会遇到，只要坚持下去，就一定能够突破。同时，教师还会分享一些成功突破瓶颈期的案例，增强学生的信心。这种心理辅导能够让学生保持积极的心态，在化学竞赛的道路上继续前行。

2. 综合能力培养与外部资源借助

在保苗阶段，教师们不仅会关注学生们的知识掌握情况，还会注重培养他们的创新能力、实践精神和坚持不懈的毅力。化学竞赛不仅仅是对知识的考查，更是对学生综合能力的考验。创新能力在化学竞赛中体现为学生能够提出新颖的解题思路或者对化学实验进行创新设计。例如，在化学实验竞赛中，学生需要根据给定的实验目的和材料，设计出独特的实验方案，这就需要学生具备创新能力。实践精神则要求学生能够将所学的化学知识应用到实际的实验操作中，并且在实践中不断发现问题、解决问题。坚持不懈的毅力是学生在面对化学竞赛中的重重困难时能够坚持到底的品质。例如，在准备化学竞赛的过程中，学生需要长时间地学习和复习大量的化学知识，进行大量的练习题训练，如果没有坚持不懈的毅力，很难坚持下来。教师通过组织各种实践活动、设置具有挑战性的学习任务等方式，培养学生的这些综合能力。这时教师需要借助外部资源，帮助学生提升竞赛成绩和拓宽进步的空间。外部资源包括参加化学竞赛培训讲座、邀请高校化学专家进行指导等。化学竞赛培训讲座能够让学生接触到更多的竞赛信息、解题技巧和前沿的化学知识。例如，有些专业的化学竞赛培训机构，会邀请历年化学竞赛的优秀选手或者资深的化学竞赛教练来讲座，他们会分享自己的竞赛经验、解题思路以及对化学竞赛发展趋势的看法。另外，邀请高校化学专家进行指导，则能够让学生们接触到更高层次的化学知识和研究方法。高校化学专家往往在化学领域有着深入的研究，他们能够为学生们提供一些独特的解题思路和学习方法，拓宽学生的视野。这种借助外部资源的方式能够为学生在化学竞赛中取得更好的成绩提供有力的支持。

3. 做好家校沟通与团结协作

在高二保苗阶段，教师们还会加强与家长们的沟通与交流，共同为学生们的成长保驾护航。教师与家长的沟通内容包括学生在学校的学习情况、竞赛准备情况以及学生的心理状态等。例如，教师会定期向家长反馈学生在化学竞赛课堂上的表现，如学生的学习积极性、解题能力的提升等情况；同时也会了解学生在家中的学习环境、学习时间安排等情况。通过这种双向的沟通交流，教师和家长能够全面地了解学生的情况，从而更好地为学生提供支持。家校协作对于学生在化学竞赛中的成长具有重要意义。家长可以根据教师提供的建议，在家中为学生创造更好的学习环境，督促学生合理安排学习时间。例如，如果教师发现学生在化学竞赛中的某个知识点掌握得不够扎实，家长可以在家中协助，监督学生进行相关知识的复习和巩固。同时，家长也可以给予学生情感上的支持，当学生在竞赛中遇到挫折时，家长的鼓励和安慰能够让学生重新振作起来。这种家校协作的模式能够形成教育合力，为学生在化学竞赛中取得优异成绩提供全方位的保障。

四、高三成长，精准助力化学优生快速成长

1. 从学生的学习动力角度

高校招生优惠政策是学生在高三成长阶段努力学习的重要动力源泉。在之前的化学竞赛历程中，学生付出了大量的时间和精力，而高校招生优惠政策则是对他们努力的一种肯定和回报。这种承诺如同远方的灯塔，为他们照亮前行的道路，让他们深知自己的努力与未来的升学、发展紧密相连。于是，他们学习更加努力刻苦。在这个阶段，学生不仅仅是为了在化学竞赛中取得优异成绩，更是为了能够凭借竞赛成果在高校招生中占据有利地位。这种动力促使他们深入挖掘化学知识的内涵，不断拓宽自己的知识面，不再满足于表面的学习，而是追求对化学学科的深度理解。

2. 从教师的教学策略角度

教师在高三成长阶段主要进行针对性教学和个性化辅导，这是至关重要的两个方面。针对性教学方面，教师会根据学生在之前化学竞赛学习过程中的优势和劣势，为学生量身定制教学内容。例如，对于在化学实验操作部分较为薄弱的学生，教师会着重安排更多的实验课程，详细讲解实验原理、步骤以及注意事项，提高学生的实验技能。对于理论知识理解不够深入的学生，教师会精选一些具有代表性的化学理论难题，进行深入剖析，帮助学生构建完整的知识体系。个性化辅导则体现了因材施教的教育理念。每个学生都有自己独特的学习风格和节奏，教师需要敏锐地捕捉到这些差异。比如，有的学生擅长通过思维导图来整理化学知识，教师就可以引导他们进一步完善思维导图的构建，使其知识体系更加系统。而对于那些喜欢通过做大量练习题来提高成绩的学生，教师可以为他们精心挑选更具挑战性和综合性的习题，满足他们的学习需求。通过这种个性化辅导，教师能够最大程度地挖掘每个学生的潜力，使学生达到

基础知识牢固、学科特长突出的学习状态,进而积极准备国家化学拔尖人才选拔。

通过初中选苗、高一育苗、高二保苗和高三成长这四个阶段的科学培育体系,能够全面地选拔、科学地培养和提升化学竞赛人才,为学生在化学竞赛领域的发展奠定坚实的基础。

第四节 重塑激励评价路径,以导向激励育拔尖精英

本研究以优化高中化学拔尖创新人才培养激励评价路径为目标,以培养学生拔尖意识为出发点重塑评价方案,进行导向激励改革。

一、过程评价,培育拔尖精英的生活学习高标准

在追求卓越的教育过程中,我们不仅关注学生的学术成就,更重视他们在生活和学习各个细节中的表现。通过设立高标准的过程评价,我们激励学生在日常生活的每一处都追求极致,从而培养出真正的拔尖创新精英。

1. 生活习惯的高标准要求

在生活习惯方面,我们设立了严格的标准。在饮食习惯上,我们强调自律,倡导营养均衡、定时定量的健康饮食方式。这样的要求不仅有助于学生的身体发育,更能培养他们的自我管理和自我约束能力。教室和宿舍的卫生状况也是我们评价学生生活习惯的重要指标。我们相信,一个整洁的环境能够营造出积极向上的学习氛围,同时也能培养学生的尊重与协作精神。此外,午休和晚休的质量直接影响学生的精神状态和学习效率,因此我们鼓励学生养成良好的作息习惯,确保他们有充足的休息时间,以便以最佳状态迎接每一天的学习和挑战。

2. 学习习惯的精细化培养

学习习惯的养成在拔尖创新人才培养中占据至关重要的地位。我们注重学生在预习、听课、笔记、作业、桌面整理、草稿纸使用等各个环节中培养精细化的学习习惯。在预习环节，我们鼓励学生主动思考，对课本内容提出问题，而不是被动地接受知识。这样的预习方式能够培养学生的自主学习能力和批判性思维，使他们能够在未来的学习和研究中更好地发现问题、解决问题。听课时，我们要求学生全神贯注，积极参与。我们认为，课堂不仅是教师传授知识的地方，更是学生主动学习、积极参与的平台。通过积极参与课堂讨论，学生可以培养自己的表达能力、沟通能力和团队协作能力。在笔记方面，我们强调条理清晰，重点突出。好的笔记不仅能够帮助学生更好地复习课堂内容，还能够培养他们的信息处理和提炼能力。我们鼓励学生使用各种笔记技巧，如思维导图、关键词记录等，以提高笔记的效率和质量。对于作业，我们强调独立完成。我们认为，作业是学生巩固课堂知识、检验学习成果的重要方式。独立完成作业可以帮助学生培养自主学习和解决问题的能力。同时，我们也鼓励学生在完成作业后进行反思，总结自己的学习方法和策略，以提高学习效率。在桌面整理和草稿纸使用方面，我们要求学生保持整洁有序。我们认为，良好的桌面整理和草稿纸使用习惯不仅能够提高学生的学习效率，还能够培养他们的责任感和条理性。通过这些细节的培养，我们希望学生能够在未来的学习和工作中表现出更好的综合素质。

3. 考试习惯的全面优化

考试的全面优化对于学生至关重要。考前，学生应做好全面系统的复习，一个单元一个单元、一篇课文一篇课文有计划地过，找准薄弱点；抓住每门功课关键点、重点和难点，有目的地进行归纳、整理、训练；同时要讲究方法，复习一个知识点就要真正掌握并能运用于解决实际问题。此外，还应做好充分物质准备和积极心理准备，以积极平和心态应对考试。考中，要培养规范做题习惯。比如拿到考卷先把试题从头到尾看一遍，检查试卷印刷是否清晰完整，避免遗漏题目，大致估计每部分分配时间；慢慢读题，一边读一边思考并记录重要信息，避免看错题目、看漏条件；审视题目莫紧张，看清要求莫浮躁，写全过程莫跳跃，仔细检查莫遗憾，基础题不大意，中等题不麻痹，偏难题不急躁。同时，要注重答题技巧和时间管理，试卷发下来先浏览试卷，了解试题类型、数量、分值和难度，结合自身实际分配做题时间，遵循"分数时间比"原则，先做一看就会分值较大的题，再做一看就会分值较小的，然后思考有思路的题，最后做难题。考后，要进行深刻反思总结，包括想解题采用的方法、解题依据的原理、解题的思路、有无其他方法以及能否变通变成另一习题，通过反思不断完善自己。这种全方位的考试习惯培养，能帮助学生在高考以及未来的学术和职业生涯中更好地发挥自己的能力，保持竞争优势。

二、创造性评价，培育拔尖创新人才的硬指标

高中化学拔尖创新人才培养的硬性要求是创造力的培养。

1. 创造性思维评价体系的建立与优化

创造性思维是拔尖创新人才的核心素养之一。在县域高中化学教学中，我们构建了以"好奇心、想象力、批判性思维和灵活性"为核心的创造性思维评价体系。好奇心是驱动学生探索未知的动力源泉；想象力则帮助学生超越现有框架，构建新颖的概念和理论；批判性思维使学生能够独立思考，质疑既有知识，提出独到见解；灵活性则体现在解决问题时的多角度、多策略思考上。创造性评价体系主要通过以下几个方面进行。第一，课堂观察，通过日常教学过程中的细致观察，记录学生在化学实验、讨论、作业等环节中的表现，评估其

创造性思维的活跃程度。第二，项目式学习，设计一系列跨学科、开放性的化学研究项目，鼓励学生自主探究、团队协作，从项目策划、实施到成果展示的全过程，全面考查学生的创造性思维能力。第三，同伴评价与自我评价，引导学生参与评价过程，通过同伴间的相互评价，促进对创造性思维的深入理解和自我提升。经过实施上述评价体系，我们发现学生的创造性思维得到了显著提升。他们更加敢于质疑、勇于创新，能够在化学学习中提出新颖的问题和解决方案。同时，这一评价体系也促进了教师教学理念的转变，更加注重培养学生的创新精神和批判性思维。

2. 创造性问题解决能力的培养路径

创造性问题解决能力的培养离不开真实、复杂的问题情境。在县域高中化学教学中，我们注重将化学知识与现实生活、科技发展紧密结合，创设具有挑战性的问题情境。这些问题情境既能够激发学生的学习兴趣，又能够引导他们运用所学知识解决实际问题。通过问题解决策略的引导，在问题解决过程中，我们注重引导学生掌握科学的问题解决策略，如"提出问题—分析问题—设计方案—实施验证—总结反思"的五步法。同时，我们还鼓励学生尝试不同的解决路径，培养他们的灵活性和创新思维。通过实践平台的搭建，给学生提供更多的实践机会。一方面，在校内设立化学创新实验室，配备先进的实验设备和仪器，支持学生开展自主探究和实验设计；另一方面，与科研机构、企业等建立合作关系，为学生提供参与科研项目、科技竞赛项目等。通过上述路径的培养，学生的创造性问题解决能力得到了显著提高。他们能够更加熟练地运用所学知识解决实际问题，同时展现出较强的创新能力和团队协作精神。此外，这些实践经历也为学生未来的学术研究和职业发展奠定了坚实的基础。

3. 拔尖精英的硬指标与软实力并重

在"三新"背景下，县域高中化学拔尖创新人才的培养不仅要关注硬指标，如高考成绩、竞赛获奖等，还要注重软实力，包括学生的科学素养、人文素养、国际视野、领导力等方面。通过系统的高中化学课程学习、实验探究和科研实践，学生的科学素养得到了显著提升。他们掌握了扎实的化学基础知识和实验技能，具备了思维能力和创新能力。在化学教学中融入人文教育元素，如化学史、化学与社会的联系等，培养学生的社会责任感和人文关怀。同时，通过文学、艺术等跨学科的学习和交流，提升学生的审美能力和人文素养。鼓励学生参与国际交流项目、参加国际化学竞赛等，以拓宽他们的国际视野和跨文化交流能力。通过与国际同行的交流与合作，学生能够更好地了解世界化学发展的前沿动态和多元文化背景下的化学研究。在团队项目和科研实践中，注重培养学生的领导力和团队协作能力。通过担任项目负责人、组织团队讨论等方式，锻炼学生的组织协调能力和决策能力。同时，通过参与志愿服务和社会实践活动，培养学生的社会责任感和公民意识。

三、传统课堂的创新评估，激发培养活力

本研究通过深入剖析传统课程的创新评估机制，旨在探索激发化学拔尖创新人才培养活力的有效路径。

1. 传统课程的创新评估，重塑评价体系，激活培养动力

（1）多元测量评估，打破单一维度，构建全面评价体系。传统教育评价体系往往侧重于知识掌握程度的量化考核，忽视了学生创新能力、批判性思维及实践能力的综合评价。我们倡导实施多元测量评估，旨在通过多维度、多层次的评价手段，全面反映学生的综合素质。具体而言，我们引入了项目式学习评价、实验设计与操作评价、科学论文撰写评价等多元化评价方式，不仅关注学生的知识掌握情况，更重视其在实际问题解决中的创新能力、团队协作能力及科学态度的展现。这种评价方式的变革，有效激发了学生的学习兴趣和主动性，

为拔尖创新人才的脱颖而出提供了广阔舞台。

（2）基于标准的目的性评估，明确培养目标，精准施策。为了确保拔尖创新人才培养的针对性和有效性，我们依据国家课程标准及高中化学学科核心素养要求，制定了详细的拔尖创新人才培养标准。在此基础上，实施基于标准的目的性评估，即根据培养目标设计评估内容、方法和标准，确保评估结果能够准确反映学生是否达到既定培养目标。这种评估方式有助于教师精准识别学生的优势与不足，从而实施差异化教学策略，为每个学生提供最适合其发展路径的支持与引导。

（3）适度挑战性评估，激发潜能，促进超越。拔尖创新人才的培养需要适度的挑战与压力，以激发学生的潜能和创造力。因此，在评估体系中，我们设置了适度的挑战性任务或项目，如高级化学竞赛、科研小课题、创新实验设计等，鼓励学生主动探索、勇于挑战。这些挑战性评估不仅考查了学生的知识深度与广度，更考验了其面对复杂问题时的应变能力和创新思维。通过参与这些活动，学生不仅能够获得成就感，还能在挑战中不断成长，逐步迈向更高的学术和科研水平。

2. 激发培养活力，优化资源配置，强化师资队伍

（1）优化课程资源配置，打造高质量学习环境。在县域高中化学拔尖创新人才培养过程中，课程资源的优化配置至关重要。我们积极引进国内外优质化学教育资源，包括教材、教辅资料、实验器材及在线学习平台等，为学生提供丰富多样的学习材料和实践机会。同时，加强学校管理，确保每位学生都能在安全、规范的环境中进行科学探究。此外，我们还注重课程内容的整合与创新，通过跨学科融合、项目式学习等方式，拓宽学生的知识视野和思维边界。

（2）强化师资队伍建设，提升教师专业素养与创新能力。教师是拔尖创新人才培养的关键力量，为培养专业化的化学教师队伍，我们采取了多项措施。

一是加强教师培训与交流，定期邀请知名专家学者来校讲座、指导教学，组织教师参加国内外学术交流活动，提升教师的专业素养和创新能力；二是建立教师激励机制，对在拔尖创新人才培养中表现突出的教师给予表彰和奖励，激发教师的工作热情和积极性；三是鼓励教师参与科研活动，将科研成果融入课堂教学之中，提升教学质量和效果。

通过研究与实践，我们深刻认识到传统课程的创新评估在激发拔尖创新人才培养活力方面的重要作用。未来，我们将继续深化教育改革创新评估机制的研究与实践探索，不断优化评估体系和方法手段，努力构建更加科学、公正、有效的评价机制。同时，我们也将进一步加强与国内外同行的交流与合作，借鉴先进经验和做法，共同推动县域高中化学拔尖创新人才培养事业的发展。

四、开发学生自我评估量表，激发成长内驱力

本研究通过开发学生自我评价量表，旨在激发学生自我成长的内驱力。

1. 开发学生自我评估量表的重要性

（1）能够提升学习自主性。在"三新"背景下方式发生了变化，由传统的被动接受转为主动探索。开发学生自我评估量表，能够帮助学生明确自己的学习目标、监控学习过程、反思学习成果，从而提升学生的学习自主性。通过自我评估，学生能够及时发现自己的不足，调整学习策略，实现自我提升。由定性的自我反思总结，到定量的自我评价结果，可以准确反馈成长过程中的问题，有利于拔尖创新人才的快速成长。

（2）能够促进个性化发展。学生是独一无二的个体，具有不同的兴趣、能力和发展需求。学生自我评估量表的设计应具有个体差异，提供多样化的评估指标和评价标准。通过自我评估，学生可以更加清晰地认识自己的优势和劣势，从而制订个性化的学习计划和发展目标，促进个性化发展。

（3）能够增强自我效能感。自我效能感是指个体对自己能否完成某一任务的主观判断。通过自我评估，学生能够体验到成功的喜悦和进步的乐趣。这种积极的情感体验能够进一步激发学生的学习动力，形成良性循环，推动学生不断向前发展。

2. 激发学生自我成长的内驱力

（1）构建积极的学习环境。学习环境影响学生学习效果。在县域高中化学教学中，教师应努力构建积极的学习环境，包括和谐的师生关系、浓厚的学术氛围、丰富的学习资源等。通过创设问题情境、组织合作学习、开展活动，激发学生的学习兴趣和求知欲，为学生提供展示自我、挑战自我的勇气。

（2）实施差异化教学。差异化教学是针对学生的不同需求和能力水平进行的教学设计。在县域高中化学教学中充分了解学生的实际情况，采用灵活多样的教学方法和手段，通过分层教学、个别小组合作等方式，实现因材施教，让每个学生都能在适合自己的学习节奏中取得进步。

（3）完善自我评估体系。在开发学生自我评估量表时，应注重其科学性、实用性和可操作性。量表应包含明确的评估指标、具体的评估标准和合理的评估方法。同时，教师应引导学生正确使用自我评估量表，定期进行自我反思和总结，形成良好的学习习惯和自我管理能力。

本研究通过开发学生量表等策略，探索了"三新"背景下县域高中化学拔尖创新人才培养的评价路径。研究结果表明，开发学生自我评估量表对于提升学生的学习自主性、促进个性化发展、增强自我效能感具有重要意义。同时，积极的学习环境、实施差异化教学、强化实践与创新以及完善体系等策略，可以有效激发学生的自我成长内驱力，为县域高中化学拔尖创新人才的培养提供良好的条件。

第四章 04

高中化学拔尖创新人才培养的关键技术

本章将从高中化学的必备知识夯实、关键能力培养和评价制度维度三个方面进行阐述，以期对拔尖创新人才培养的关键技术进行论证。

第一节　必备知识夯实无漏洞

高中阶段作为学习的关键时期，其知识的广度与深度都远超初中。扎实的高中知识基础，不仅是应对高考的必备条件，更是为未来的高等教育和职业发展筑牢根基。在高中学习中，实现必备知识夯实无漏洞意义重大。拥有扎实的知识基础，不仅能让学生在面对复杂的问题时，迅速调动所学知识进行分析和解决，提高学习效率和成绩，还能帮助学生更好地理解学科之间的联系，培养综合运用知识的能力，为未来的学术研究和职业发展打下坚实的基础。要实现高中必备知识夯实无漏洞，可从精准理解知识、深度记忆、强化知识运用及持续巩固等关键环节入手。

一、精准理解知识

1. 透彻研读教材

教材是高中知识的核心载体，蕴含着丰富且系统的学科内容。透彻研读教材是精准理解知识的基石。化学教材中的注释，可能对某些关键概念进行补充说明，深化理解。

2. 借助多元资源辅助

教材虽为知识核心，但仅依靠教材难以全面深入理解知识。多元资源的辅助能从不同维度加深对知识的理解。如今，网络上有众多优质的教育网站和在线课程平台，如中国大学 MOOC、学堂在线等，上面汇聚了各大高校名师的课程讲解。在学习高中化学的前沿知识，如新型材料的合成与应用时，通过查阅专业期刊上的相关论文，能了解到最新的研究成果和发展动态，加深对化学知识在实际应用中的理解。

3. 积极提问与探讨

在学习过程中，积极提问与探讨是精准理解知识的重要环节。当学生对知识存在疑问时，若不及时解决，这些疑问就会像滚雪球一样越积越大，阻碍后续的学习。因此，学生要勇于向老师和同学提问。在课堂上，针对老师讲解的重点和难点内容，若有不理解之处，应及时举手提问。课后，对于学习中遇到的复杂问题，可与同学组成学习小组进行探讨。在探讨过程中，不同的同学可能会从不同的角度提出见解，碰撞出思维的火花。

二、深度记忆知识

1. 构建知识体系

构建知识体系是深度记忆知识的关键策略。高中知识具有系统性和关联性，将零散的知识整合为完整的体系，能极大提升记忆效果。将化学学科的知识构建成一个层层递进、相互关联的体系，有助于学生系统地记忆知识，并且在面对综合性题目时，能够迅速从知识体系中提取相关信息进行分析和解答。运用思维导图是构建知识体系的有效工具。

2. 运用记忆技巧

运用记忆技巧能让知识记忆变得轻松且高效。在高中化学中，众多化学方程式和元素性质的记忆颇具难度。通过编写口诀，能显著提升记忆效果。如"升失氧，降得还"，短短六个字，简洁地概括了氧化还原反应中，化合价升高、失去电子被氧化，化合价降低、得到电子被还原的规律，帮助学生快速准确地判断反应类型和物质的变化情况。在记忆金属活动性顺序时，"钾钙钠镁铝，锌铁锡铅（氢），铜汞银铂金"这一口诀，让学生能轻松记住金属活动性从强到弱的顺序，方便在金属与酸、盐溶液的反应等相关知识学习中运用。

三、强化知识运用

1. 精心选题练习

精心选题练习是强化知识运用的首要环节。高中阶段，各学科知识点繁多，题目类型也千变万化。若盲目进行题海战术，不仅耗费大量时间和精力，还可能收效甚微。因此，根据知识点和自身学习情况精心挑选题目至关重要。

在化学学科中，学习了化学反应速率和化学平衡的知识后，可选择有关化学反应速率计算、化学平衡状态判断、化学平衡移动原理应用等方面的题目。例如，在一定温度下，向容积为 2L 的恒容密闭容器中充入 1mol CH_3OH（g）和 3mol H_2O（g），发生 CH_3OH（g）+H_2O（g）$\rightleftharpoons$ CO_2（g）+3H_2（g）反应，经过 5 分钟后，测得甲醇的物质的量为 0.8mol，求 5 分钟内水的平均反应速率。通过这道题的练习，学生能掌握化学反应速率的计算方法。同时，像"对于反应 CH_3OH（g）+H_2O（g）$\rightleftharpoons$ CO_2（g）+3H_2（g），在一定条件下达到平衡状态，若增大压强，平衡向哪个方向移动？说明理由"这类题目，能帮助学生理解化学平衡移动原理，并运用该原理分析实际问题。

除了根据知识点选题，还需结合自身学习情况。对于基础知识掌握不够扎实的学生，应优先选择基础题型，通过反复练习，巩固知识点，打牢基础。而对于基础较好的学生，则可选择一些难度较大、具有挑战性的题目，如高考真题中的压轴题、竞赛题等，进一步拓展思维，提升知识运用能力。同时，要注意题目来源的多样性，可从教材课后习题、辅导资料、历年高考真题、在线学习平台等多渠道获取题目，确保练习的全面性和针对性。

2. 剖析解题思路

剖析解题思路是强化知识运用的核心环节，它能帮助学生从"知其然"迈向"知其所以然"，提升知识运用的灵活性与深度。

在剖析解题思路的过程中，学生可以通过绘制思维导图、列出解题步骤等方式，将复杂的解题过程清晰地呈现出来。同时，要注重对不同类型题目的解题思路进行总结归纳，形成自己的解题方法库。例如，在化学中，对于化学平衡问题，可总结出利用三段式法、平衡常数法等进行解题的思路。这样，在遇到新的题目时，学生能够迅速从解题方法库中提取合适的方法，提高解题效率和准确性。

3. 投身实践活动

投身实践活动是将高中知识从理论转化为实际能力的关键途径，能极大地强化知识运用。

在化学学科，参与化学实验社团是很好的实践方式。例如，进行"从海带中提取碘"的实验活动，学生需要依据氧化还原反应的原理，选择合适的氧化剂将海带中的碘离子氧化为碘单质，再利用萃取的方法将碘从溶液中分离出来。在实验操作过程中，学生要准确掌握仪器的使用方法，如分液漏斗的使用技巧；还要严格控制实验条件，如反应的温度、试剂的用量等。通过这样的实践活动，学生能将课堂上学到的化学知识运用到实际操作中，提高实验技能和对化学知识的运用能力。同时，在实验过程中，可能会遇到各种问题，如提取出的碘不纯等，这就需要学生运用所学知识进行分析和解决，进一步培养了学生的创新思维和探究能力。

四、持续巩固知识

1. 定期复习回顾

定期复习回顾是持续巩固知识的基石，如同给知识大厦不断添砖加瓦，使其愈发稳固。依据艾宾浩斯遗忘曲线，人的遗忘进程并非匀速，而是在学习后的短时间内遗忘速度极快，随后逐渐减缓。因此，在高中学习中，合理安排复习时间间隔至关重要。

2. 开展自我检测

开展自我检测是持续巩固知识的有效手段，能如精准的探测器，清晰呈现知识掌握的状况。通过自我检测，学生能及时发现知识漏洞，明确学习的薄弱环节，从而有针对性地进行强化学习。

除了学科知识的自我检测，还可进行跨学科的综合检测。在进行自我检测时，要注意选择合适的检测内容和方式，确保检测结果的准确性和有效性。同时，要认真对待检测结果，将错题整理成册，分析错误原因，制订针对性的复习计划，定期进行复习，避免再次犯错，从而不断巩固知识，提高学习效果。

3. 动态完善知识体系

知识的海洋不断涌动，新的知识、观念和研究成果如源源不断的浪花。高中阶段的知识体系并非一成不变的孤岛，而是需要顺应时代潮流，持续更新与完善的动态系统。在这个快速发展的时代，各学科知识都在不断演进，学生若想在知识的浪潮中稳立潮头，就必须动态完善自身的知识体系。

在高中化学领域，新型材料的研发日新月异。如石墨烯这一新型材料，具有优异的电学、力学和热学性能，在能源、电子、航空航天等众多领域有着广阔的应用前景。学生学习化学时，了解石墨烯的结构、性质以及制备方法，能将化学知识与实际应用紧密结合，丰富化学知识体系。同时，化学学科中的一些理论和概念也在不断发展和完善。例如，酸碱理论从最初的阿伦尼乌斯酸碱理论，发展到布朗斯特-劳里酸碱理论，再到路易斯酸碱理论，对酸碱的定义和理解不断深化。学生在学习过程中，要紧跟这些理论的发展，及时更新自己的知识体系，从不同角度理解酸碱的本质，提高对化学知识的理解和应用能力。

为了更好地动态完善知识体系，学生可以定期阅读学科相关的科普文章、学术期刊，参加学科讲座和学术交流活动等。在阅读科普文章时，要善于提取关键信息，将新知识与已有的知识体系进行关联和整合。参加学科讲座和学术交流活动时，要积极与专家学者和其他同学进行交流互动，拓宽思维视野，了解不同的观点和研究方法。同时，要将新知识融入日常的学习和复习中，通过做题、讨论等方式加深对新知识的理解和应用，不断优化知识体系，使其更加丰富、完善和实用。

实现高中必备知识夯实无漏洞，是一个环环相扣、持续推进的过程。精准理解知识为基石，深度记忆知识为支柱，强化知识运用为关键，持续巩固知识为保障。通过透彻研读教材、借助多元资源辅助、积极提问与探讨，能精准把握知识内涵；通过构建知识体系、运用记忆技巧、多感官协同记忆，可有效提升知识记忆效果；通过精心选题练习、剖析解题思路、投身实践活动，能将知识转化为实际能力；通过定期复习回顾、开展自我检测、动态完善知识体系，则能让知识大厦坚如磐石。

在高中学习的征程中，学生们应综合运用这些方法，不断探索适合自己的学习路径。每一次对知识的深入理解，每一次记忆的强化，每一次知识运用能力的提升，每一次知识体系的完善，都是在向知识的巅峰迈进。只有将知识夯实无漏洞，才能在面对高考的挑战时从容不迫，在未来的学术研究和职业发展中，凭借扎实的知识基础，开拓出属于自己的广阔天地。

第二节　关键能力培养能进阶

关键能力培养是使学生从优秀迈向卓越的重要环节。在高中阶段，这主要包括逻辑思维能力、创新思维能力、自主学习能力以及实践操作能力等。为培养自主学习能力，教师可布置一些拓展性学习任务，让学生自主查阅资料、探索问题答案；组织各类学科竞赛、科技创新活动等，为学生提供实践平台，锻炼他们的实践操作能力，使其关键能力不断进阶。

一、逻辑思维能力培养

1. 逻辑思维能力

逻辑思维能力，是指个体在认识过程中借助概念、判断、推理等思维形式，能动地反映客观现实的理性认识能力。它以抽象性为主要特征，能够帮助学生透过现象看本质，把握事物的内在联系和发展规律。在高中阶段，学生的逻辑思维能力呈现出从经验型向理论型过渡的特点。

高中学生的逻辑思维开始摆脱具体事物的束缚，更多地运用抽象概念进行思考。他们能够理解和运用各种逻辑规则，如同一律、矛盾律、排中律等，对问题进行分析、推理和论证。高中学生的逻辑思维还具有更强的系统性和综合性。他们能够将所学的知识进行整合，形成一个有机的知识体系，并运用这个体系去解决复杂的问题。

随着年龄的增长和学习的深入，高中学生的逻辑思维能力不断发展和完善。这种能力的提升不仅有助于他们在各学科的学习中取得更好的成绩，还对他们未来的学习、工作和生活产生深远的影响。具备良好逻辑思维能力的学生，能够更加高效地获取知识，更加准确地表达自己的观点，更加理性地分析和解决问题，从而更好地适应社会的发展和变化。

2. 逻辑思维能力培养建议

在高中阶段，培养学生的逻辑思维能力至关重要。教师可以通过多种方式，引导学生掌握逻辑思维的方法和技巧，提高逻辑思维能力。

在课堂教学中，教师应注重知识的逻辑性和系统性。教师可以通过提问、讨论等方式，引导学生进行逻辑思考。在课堂上，教师可以提出一些具有启发性的问题，让学生思考并回答。教师还可以组织学生进行小组讨论，让学生在讨论中交流思想，碰撞出思维的火花。在讨论过程中，学生需要运用逻辑思维，阐述自己的观点，并对他人的观点进行分析和评价。

教师还可以鼓励学生参与社会实践活动，如调研、辩论等。在调研活动中，学生需要设计调研方案、收集数据、分析数据，并得出结论。这个过程需要学生运用逻辑思维，确保调研的科学性和有效性。在辩论活动中，学生需要运用逻辑思维，组织自己的观点，反驳对方的观点，从而提高逻辑思维能力和语言表达能力。

二、创新思维能力培养

1. 创新思维能力

创新思维能力，是人类思维的高级形式，是在解决问题或创造新事物时，突破传统思维模式，以独特、新颖的方式进行思考的能力。它是多种思维形式的有机结合，涵盖发散思维、逆向思维、联想思维等，具备独特性、灵活性、跨越性等显著特征。

独特性是创新思维的关键标识。拥有创新思维能力的高中学生，能够突破常规思维的束缚，提出与众不同的见解和解决方案。在探讨文学作品的主题时，其他同学可能从常见的角度进行分析，而具有创新思维的学生则能从独特的视角出发，挖掘出作品中隐藏的深层含义。

灵活性体现为思维的敏捷转变和多维度思考。高中学生在面对问题时，创新思维强的学生能够迅速调整思路，从不同方向、不同角度去分析问题。

跨越性使得学生能够打破学科界限，实现知识的融合与迁移。在高中阶段，各学科知识相互关联，具备创新思维能力的学生能够将不同学科的知识进行整合，运用到实际问题的解决中。在研究生态环境问题时，他们可以综合运用生物、地理、化学等学科的知识，分析生态系统的平衡、环境污染的原因及治理方法，提出综合性的解决方案。

高中阶段是学生创新思维能力发展的关键时期。随着知识储备的不断增加和认知能力的逐步提高，学生的创新思维开始蓬勃发展。他们对新鲜事物充满好奇，敢于质疑权威，勇于尝试新的方法和思路。在这个阶段，培养学生的创新思维能力，不仅有助于提高他们的学习成绩，更能为他们未来的发展奠定坚实的基础。无论是在学术研究、科技创新，还是在社会生活中，创新思维能力都将发挥重要作用，帮助他们在激烈的竞争中脱颖而出，成为具有创新精神和实践能力的高素质人才。

2. 创新思维能力培养建议

在高中阶段，培养学生的创新思维能力是教育的重要目标。教师可以通过多种途径和方法，激发学生的创新潜能，提升他们的创新思维能力。

课堂教学是培养学生创新思维能力的主阵地。教师应采用多样化的教学方法，激发学生的创新思维。教师还可以设置开放性的问题，鼓励学生发表不同见解。

开展丰富多样的课外活动，能够为学生提供广阔的创新空间。学校可以组织科技创新活动，如科技小发明、小制作比赛等，让学生在实践中发挥创新思维。学生可以利用废旧物品制作环保小发明，如用饮料瓶制作自动浇花器，既培养了学生的环保意识，又锻炼了他们的创新能力。

组织学生参加各类学科竞赛，如数学建模竞赛、化学奥林匹克竞赛等，也是培养创新思维能力的有效途径。在竞赛中，学生需要面对复杂的问题，运用创新思维寻找解决方案。

营造良好的创新环境，对学生创新思维能力的培养至关重要。学校应倡导创新文化，鼓励学生勇于尝试、敢于创新。通过校园广播、宣传栏等渠道，宣传创新的重要性和创新成果，营造浓厚的创新氛围。

教师要为学生创造宽松的学习环境，允许学生犯错，尊重学生的独特想法。当学生提出新颖的观点或想法时，即使不完全正确，教师也应给予肯定和鼓励，引导学生进一步思考和完善。在课堂讨论中，教师要鼓励学生积极发言，不要过分强调答案的正确性，而是注重学生的思维过程和创新思路。

三、自主学习能力培养

1. 自主学习能力

自主学习能力，是学生在学习过程中，能够主动确定学习目标、制订学习计划、选择学习方法、监控学习过程并评估学习结果的能力。它强调学生的主体地位，是学生独立获取知识、解决问题的关键能力。在高中阶段，自主学习能力的发展呈现出独特的规律和特点。

高中学生的认知水平有了显著提高，他们开始具备较强的抽象思维和逻辑推理能力，这为自主学习提供了有力的基础。他们能够理解较为复杂的概念和原理，主动对知识进行分析、归纳和总结。

高中学生的自我意识逐渐增强，他们更加关注自己的兴趣和需求，对学习的自主性和选择性有了更高的要求。他们希望能够根据自己的实际情况，选择适合自己的学习内容和方法。

随着学科知识的不断增多和难度的加大，高中学生需要具备更强的自主规划和管理能力。他们要能够合理安排学习时间，制订科学的学习计划，并有效地执行计划。在面对多个学科的作业和考试时，学生需要根据自己的学习情况，合理分配时间，确保各个学科都能得到充分的学习和复习。

在高中阶段，培养学生的自主学习能力，有助于提高学生的学习效率和学习质量，使学生更好地适应未来社会的发展需求。具备自主学习能力的学生，能够在学习中主动探索、积极思考，不断提升自己的综合素质和创新能力，为未来的学习和工作打下坚实的基础。

2. 自主学习能力培养建议

培养高中学生的自主学习能力，需要教师从多个方面进行引导和支持，帮助学生树立自主学习的意识，掌握自主学习的方法，提高自主学习的能力。

教师要引导学生树立正确的学习观念，激发学生的内在学习动力。帮助学生认识到学习的重要性，不仅仅是为了应对考试，更是为了自身的成长和发展。教师可以通过讲述名人的学习故事、分享成功人士的经验等方式，让学生明白学习是实现自己梦想的重要途径。例如，介绍科学家牛顿、爱因斯坦等在学习和研究过程中坚持不懈、勇于探索的精神，激励学生树立远大的学习目标。

教师要引导学生根据自己的兴趣、特长和未来的职业规划，制定明确的学习目标。学习目标要具体、可衡量、可实现、相关且有时间限制。

教师要注重培养学生的自主学习方法。在教学过程中，教师可以引导学生学会预习、复习、做笔记、总结归纳等学习方法。在预习时，学生要通读教材，了解课程的重点和难点，标记出自己不理解的地方，带着问题去听课。在复习时，学生要回顾所学知识，整理笔记，通过做练习题巩固所学内容。教师还可以指导学生制订学习计划，合理安排学习时间。学生可以根据课程表和自己的实际情况，制订每天、每周的学习计划，将学习任务分解到具体的时间段，确保学习的有序进行。

在课堂教学中，教师要给予学生足够的自主学习空间，采用启发式、探究式、讨论式等教学方法，引导学生主动思考、积极探索。在讲解数学难题时，教师可以先提出问题，让学生自己思考解题思路，然后组织学生进行小组讨论，分享各自的想法，最后教师进行总结和点评。这样的教学方式能够激发学生的学习兴趣，提高学生的自主学习能力。

在高中阶段，培养学生的自主学习能力是一项长期而艰巨的任务。教师要充分认识到自主学习能力对学生发展的重要性，通过多种方式引导和培养学生的自主学习能力，让学生在自主学习的过程中，不断提高自己的学习能力和综合素质，为未来的发展奠定坚实的基础。

四、实践操作能力培养

1. 实践操作能力

实践操作能力，是学生将理论知识转化为实际行动，通过动手操作、实验探究、项目实践等方式，解决实际问题的能力。它是学生综合素质的重要体现，对于学生的全面发展具有深远意义。

在高中阶段，学生的实践操作能力发展呈现出阶段性的特点。随着年龄的增长和知识储备的增加，学生的动手能力逐渐增强，能够更加熟练地运用各种工具和设备进行实践操作。高中学生的创新意识和实践探索精神逐渐觉醒。他们不再满足于简单地模仿和重复，而是渴望通过实践操作来验证自己的想法，探索新的知识和方法。

实践操作能力的培养与学科知识的学习相辅相成。通过实践操作，学生能够更加深入地理解和掌握学科知识，将抽象的理论知识转化为具体的实际应用。

高中阶段培养学生的实践操作能力，不仅有助于学生在学业上取得更好的成绩，还能为他们未来的职业发展和社会生活奠定坚实的基础。具备较强实践操作能力的学生，能够更好地适应社会的需求，在未来的工作中迅速上手，发挥自己的才能。

2. 实践操作能力培养建议

在高中阶段，培养学生的实践操作能力是教育的重要任务。教师可以通过多种途径和方法，为学生提供实践操作的机会，指导学生掌握实践操作的技能，提高学生的实践操作能力。

课堂教学是培养学生实践操作能力的基础环节。教师应将实践操作融入日常教学中，根据学科特点和教学内容，设计相应的实践活动。在化学课堂上，教师在讲解化学反应时，可以安排学生进行化学实验，如酸碱中和反应实验，让学生通过实际操作，观察实验现象，记录实验数据，分析实验结果，深入理解化学反应的本质。

教师还可以通过实验教学，培养学生的实践操作技能。在实验教学中，教师要详细讲解实验原理、实验步骤和实验注意事项，示范正确的实验操作方法。

开展丰富多彩的课外活动，能够为学生提供广阔的实践空间。学校可以组织各类社团活动，如机器人社团、航模社团、手工制作社团等，让学生根据自己的兴趣爱好选择参加。在机器人社团中，学生可以学习机器人的设计、编程和组装，通过实际操作，提高自己的动手能力和创新能力。

学校还可以举办科技节、文化节等活动，鼓励学生展示自己的实践成果。在科技节上，学生可以展示自己的科技创新作品，如智能环保垃圾桶、太阳能热水器等，分享自己的创作思路和实践过程。在文化节上，学生可以展示自己的手工制作作品，如剪纸、陶艺、刺绣等，展现自己的艺术才华和实践能力。通过这些活动，不仅能够激发学生的实践兴趣，还能增强学生的自信心和成就感。

建立科学合理的评价体系，对学生的实践操作能力进行全面、客观的评价。评价内容应包括学生在实践活动中的参与度、操作技能、创新能力、团队合作能力等方面。评价方式可以采用教师评价、学生自评、互评等多种方式相结合。在化学实验活动中，教师可以根据学生的实验操作过程、实验报告的撰写等方面进行评价；学生可以对自己在实验中的表现进行自我评价，总结自己的优点和不足；学生之间也可以相互评价，学习他人的长处，改进自己的不足。通过科学合理的评价体系，能够激励学生积极参与实践活动，不断提高自己的实践操作能力。

高中阶段培养学生的实践操作能力是一项系统工程，需要学校、教师、家长和社会的共同努力。通过以上多种培养建议的实施，能够有效地提高学生的实践操作能力，为学生的未来发展奠定坚实的基础。

高中阶段作为学生成长与发展的关键时期，逻辑思维、创新思维、自主学习和实践操作这四种关键能力的培养，对学生的未来发展起着决定性作用。逻辑思维能力助力学生构建严谨的知识体系，准确分析和解决问题；创新思维能力激发学生的创造力，使其在面对挑战时能提出独特新颖的解决方案；自主学习能力为学生提供了终身学习的动力与方法，使其能够不断适应社会发展的需求；实践操作能力则让学生将理论知识转化为实际行动，提升解决实际问题的能力。

第三节　评价制度维度完善的策略

以往研究多聚焦于高校阶段的拔尖创新人才培养，对高中阶段的研究相对薄弱。在高中拔尖创新人才的评价体系方面，尚未形成一套科学、完善且具有可操作性的评价标准。对高中与高校在拔尖创新人才培养上的衔接机制研究不够深入，未能充分发挥高中阶段为高校输送优秀人才的重要作用。因此，急需深入探讨高中拔尖创新人才的培养策略，通过完善评价制度，加强高中与高校的衔接，为培养更多具有创新精神和实践能力的拔尖创新人才提供理论支持和实践指导。

一、优化评价标准

1. 建立多元指标体系

建立多元指标体系是优化评价标准的基础。这一体系应涵盖学术、创新、实践、品德等多个维度，全面、准确地反映学生的综合素质和发展潜力。

在学术维度，除了关注学生的考试成绩外，还应考查学生的学习态度、学习方法和知识掌握的深度与广度，可以通过课堂表现、作业完成情况、项目式学习成果等多方面进行综合评估。

创新维度的评价指标包括创新思维、创新方法和创新成果。通过观察学生在科技创新活动、学科竞赛中的表现，以及他们提出的新颖观点、解决问题的独特方法等，评估其创新能力。在科技创新活动中，学生能否提出具有创新性的研究课题，采用新的实验方法或技术手段进行研究，并取得有价值的成果，都是评价的重要依据。

实践维度着重考查学生的实践操作能力、社会实践经验和团队协作能力。学校可以通过组织学生参与各类实践活动，如实验操作、社区服务、企业实习等，观察学生在实践中的表现，评估其解决实际问题的能力。在社区服务活动中，学生如何组织团队、策划活动方案以及与社区居民沟通协作，都是实践能力的体现。

品德维度的评价则关注学生的道德品质、社会责任感和团队合作精神。通过学生在日常行为规范、志愿服务活动、班级团队合作中的表现，进行全面评价。在班级团队合作项目中，学生是否能够积极参与、尊重他人意见、为团队目标贡献力量，都反映了其品德素养。

2. 突出创新与实践能力权重

在评价标准中，应提高创新与实践能力的权重，以引导学生更加注重自身创新精神和实践能力的培养。创新能力是拔尖创新人才的核心竞争力，通过加大对创新能力的评价比重，可以激发学生的创新思维，鼓励他们勇于探索、敢于创新。在学科竞赛中，对于那些能够提出创新性解决方案的学生，给予更高的评价分数；在科技创新活动中，学生的创新成果质量和创新性将成为重要的评价依据。

实践能力也是现代社会对人才的重要要求。提高实践能力的权重，有助于学生将理论知识与实际应用相结合，培养他们解决实际问题的能力。在评价学生的实践能力时，不仅要看他们参与实践活动的次数，更要关注他们在实践活动中的收获和成长。在企业实习中，学生能否将所学知识运用到实际工作中，提出有效的改进建议，将作为评价其实践能力的重要指标。

通过突出创新与实践能力权重，可以引导学校在课程设置和教学方法上进行改革，增加创新实践课程的比重，采用项目式学习、探究式学习等教学方法，为学生提供更多锻炼创新与实践能力的机会。

二、丰富评价方式

1. 融合多种评价形式

为了全面、准确地评价高中拔尖创新人才，应融合多种评价形式，打破单一考试形式的局限。除了传统的考试，还应引入作品展示、项目报告、面试等方式。在科技创新课程中，学生可以通过展示自己的科技发明作品，详细阐述作品的设计思路、创新点以及实际应用价值，以此来展现自己的创新能力和实践能力。在项目式学习中，学生以小组形式完成一个综合性项目，通过提交项目报告，包括项目背景、目标、实施过程、成果分析等内容，教师可以从多个角度评价学生的团队协作能力、问题解决能力和创新思维。

面试也是一种有效的评价方式，通过与学生面对面交流，了解学生的思维过程、知识储备、应变能力以及对学科的兴趣和热情。在面试过程中，可以设置一些开放性问题，如"如何解决当前社会面临的某一环境问题"，考查学生的创新思维和分析问题的能力。这种融合多种评价形式的方式，能够更全面地考查学生的综合素质，为选拔和培养拔尖创新人才提供更可靠的依据。

2. 加强过程性评价实施

过程性评价能够及时反映学生在学习过程中的表现和进步，对于培养学生的学习兴趣和积极性具有重要意义。因此，应建立日常学习过程记录和评价机制，对学生的课堂表现、作业完成情况、小组合作参与度等进行全面记录和评价。在课堂上，教师可以通过观察学生的发言次数、提问质量、与同学的互动情况等，对学生的课堂参与度进行评价；对于学生的作业，不仅要关注答案的正确性，还要评价作业的完成态度、解题思路的创新性以及对知识的拓展应用能力。

在小组合作学习中，评价学生在团队中的角色定位、沟通协作能力、对团队目标的贡献等方面。通过定期的过程性评价反馈，学生能够及时了解自己的优点和不足，调整学习策略，不断提高自己的学习效果。同时，教师可以根据过程性评价结果，及时调整教学方法和进度，满足学生的学习需求，促进学生的全面发展。

三、拓展评价主体

1. 明确各主体职责

明确教师、学生、家长、社会等在评价中的角色和任务至关重要。教师作为教育教学的直接实施者，应负责对学生的学业成绩、课堂表现、学习态度等方面进行全面、细致的评价。在学科教学中，教师通过课堂提问、作业批改、阶段性考试等方式，准确把握学生对知识的掌握程度和学习能力的发展情况，并给予及时的反馈和指导。

学生是学习的主体，应积极参与到评价过程中。学生自评能够培养他们的自我反思能力和自主学习意识。学生可以对自己的学习目标达成情况、学习方法的有效性、参与课堂活动的积极性等方面进行评价，从而发现自身的优点和不足，有针对性地调整学习策略。同伴互评则能促进学生之间的相互学习和交流，学生在评价他人的过程中，能够从不同角度看待问题，拓宽思维视野。

家长对学生的成长环境和个性特点有着深入了解，在评价中应提供关于学生在家中的学习习惯、兴趣爱好发展、品德行为表现等方面的信息。家长可以通过与教师的定期沟通，参与学校组织的家长会、家长开放日等活动，分享学生在家中的情况，为学校全面评价学生提供参考。

社会各界，如企业、科研机构等，在评价中可从实际需求出发，对学生的实践能力、创新能力以及职业素养等方面进行评价。企业可以通过学生在实习期间的表现，评估学生的专业技能、团队协作能力和解决实际问题的能力；科研机构可以根据学生参与科研项目的情况，对学生的科研潜力和创新思维进行评价。

2. 促进主体间协同合作

搭建沟通平台，促进各主体共同参与评价，是实现全面、客观评价的关键。学校可以利用现代信息技术，建立线上评价平台，方便教师、学生、家长和社会各方及时交流评价信息。教师可以在平台上发布学生的学习情况和在校表现，家长可以反馈学生在家中的情况，学生也可以在平台上进行自评和互评，社会机构可以分享学生在社会实践中的表现。通过这种方式，实现评价信息的实时共享和互动交流。

定期组织多方参与的评价会议也是促进协同合作的有效方式。在会议上，教师、学生、家长和社会代表可以共同讨论学生的发展情况，对评价结果进行分析和总结，共同制定学生的发展规划和改进措施。学校还可以开展家长志愿者活动，邀请家长参与学校的日常管理和教学活动，让家长更深入地了解学校的教育教学情况，增强家长对学校评价工作的认同感和参与度。通过这些举措，形成教育合力，共同促进高中拔尖创新人才的培养。

展望未来，随着教育改革的不断深入，高中拔尖创新人才培养评价制度将持续优化。未来的研究可进一步关注新兴技术在评价中的应用，如利用大数据、人工智能等技术实现对学生学习过程的实时监测和精准评价；加强对不同地区、不同类型学校评价制度的适应性研究，确保评价制度能够因地制宜，满足多样化的人才培养需求；深入探索高中与高校、社会在拔尖创新人才培养评价中的深度合作机制，形成全方位、多层次的人才培养评价体系，为培养更多具有创新精神和实践能力的拔尖创新人才提供有力保障。

第五章 05

拔尖创新人才培养的未来畅想

本章将从国家层面规划与学科定位、高中学校未来行动、高中教师的业务提升和拔尖创新人才培养的展望四个方面进行阐述。

第一节　教育强国建设蓝图与化学学科定位

一、政策解读与战略定位

1. 教育强国指标体系与创新人才贡献度

教育强国战略是我国面向未来发展的重要战略部署，其指标体系的构建对于衡量教育发展水平、指导教育改革实践具有关键意义。在这一体系中，创新人才贡献度是一个核心指标，它集中体现了教育在培养创新人才方面的成效以及这些人才对国家和社会发展的贡献。

联合国教科文组织（UNESCO）通过《教育 2030 行动框架》为我们理解未来教育的发展方向和人才培养目标提供了重要参考。该框架提出，未来的教育应致力于培养学生具备适应快速变化世界的能力，包括知识、技能、态度和价值观等多个维度。在知识方面，强调学科知识、跨学科知识、认识性知识和程序性知识的融合；技能维度涵盖认知和元认知技能、社会性和情绪性技能、身体素质和实践技能；态度和价值观则注重尊重、公平、个人和社会责任、正直和自我意识等，以促进学生全面发展，使其能够为建设更加包容、公正、可持续发展的经济和社会作出贡献。

我国教育强国指标体系中的创新人才贡献度指标构建可以从以下几个方面进行考量。在人才培养质量上，关注学生创新能力的提升，包括批判性思维、问题解决能力、创造力等。通过开展创新教育课程和实践活动，激发学生的创新思维，培养他们提出新观点、新方法的能力。在科研成果转化方面，衡量创新人才在科研领域取得的成果以及这些成果对经济社会发展的实际应用和推动作用。鼓励创新人才将科研成果转化为实际生产力，促进科技与经济的深度融合。在社会影响力维度，评估创新人才在社会各个领域发挥的引领作用，如在推动科技创新、促进文化繁荣、解决社会问题等方面的贡献。

创新人才贡献度指标的构建具有重要意义。它有助于引导教育机构更加注重创新人才的培养，优化教育教学模式和课程设置，加强实践教学和创新能力训练，为学生提供更多的创新实践机会和资源支持。该指标能够为教育政策的制定和调整提供科学依据，使教育政策更加聚焦于创新人才培养，合理配置教育资源，提高教育质量和效益。它还可以激励创新人才积极发挥自身优势，为国家和社会的发展贡献更多的智慧和力量，营造良好的创新氛围和人才发展环境。

2. 化学学科在国家重大需求中的关键领域

化学学科作为自然科学的基础学科之一，在国家的重大需求中占据着不可或缺的关键地位，尤其在新能源材料、生物制药、环境治理等领域发挥着重要作用。

在新能源材料领域，化学研究对于解决能源危机和实现可持续发展具有至关重要的意义。随着全球对能源需求的不断增长以及传统化石能源的日益枯竭，开发高效、清洁、可持续的新能源材料成为当务之急。化学工程师通过对材料的合成、改性和性能优化，致力于开发新型的高效储能材料，如锂离子电池、钠离子电池等。在锂离子电池研究中，化学工程师通过对电极材料的结构设计和化学组成的优化，提高电池的能量密度和循环寿命，使其能够更好地满足电动汽车、移动电子设备等领域的需求。探索可持续的能源转化技术，如太阳能电池、燃料电池等，也是化学学科的重要研究方向。太阳能电池通过将太阳能转化为电能，为人们提供清洁能源。化学研究在提高太阳能电池的光电转化效率方面发挥着关键作用，通过研发新型的光吸收材料和优化电池结构，不断提高太阳能电池的性能。

在生物制药领域，化学为药物研发提供了关键的技术和方法，贯穿药物研发的整个过程。从药物分子的设计与合成，到药物的活性筛选和作用机制研究，再到药物的质量控制和剂型开发，都离不开化学学科的支持。许多新型药物的研发都基于化学合成技术，通过精确控制化学反应，合成具有特定结构和活性的药物分子。在抗癌药物的研发中，化学研究人员通过设计和合成具有靶向性的药物分子，使其能够精准地作用于癌细胞，提高治疗效果，减少对正常细胞的损伤。化学分析方法用于药物的质量控制，确保药物的安全性和有效性。通过对药物的纯度、含量、杂质等进行分析检测，保证药物的质量符合标准，为患者的用药安全提供保障。

在环境治理领域，化学同样发挥着不可替代的作用。随着工业化和城市化的快速发展，环境污染问题日益严重，化学方法在分析和监测环境污染物质、开发高效的污染治理技术方面具有重要应用。利用化学分析方法，可以对大气、水、土壤等环境中的污染物进行准确检测和分析，了解污染物的种类、浓度和分布情况，为环境治理提供科学依据。利用色谱分析技术可以检测大气中的有害气体成分，利用光谱分析技术可以检测水中的重金属离子含量。化学研究致力于开发高效的污染治理技术，如污水处理、大气污染控制等。在污水处理中，利用化学沉淀法、吸附法、氧化还原法等技术，可以去除污水中的有害物质，使其达到排放标准。利用化学沉淀法可以去除污水中的重金属离子，使其形成沉淀而分离出来；利用吸附法可以去除污水中的有机污染物，通过吸附剂的吸附作用将污染物从水中去除。

二、资源整合与创新体系构建

1. 国家级化学创新实验室与高中"英才计划"的衔接

国家级化学创新实验室作为国家层面的重要科研资源，拥有先进的实验设备、专业的科研团队和前沿的研究课题，为化学领域的研究和创新提供了强大的支持。高中"英才计划"则是为了选拔和培养具有学科特长、创新潜质的优秀中学生，为他们提供接触科研、了解科学前沿的机会，为未来在基础学科领域的发展奠定基础。两者的有效衔接对于促进高中化学人才培养与国家资源对接具有重要意义。

在资源共享方面，国家级化学创新实验室可以向高中"英才计划"的学生开放实验设备和科研资源。学生可以在实验室中进行实验操作，亲身体验科研过程，提高实验技能和科学素养。国家级化学创新实验室拥有先进的光谱仪、色谱仪等大型分析仪器，这些仪器在高中学校中往往较为稀缺。通过资源共享，"英才计划"的学生可以利用这些仪器进行化学分析实验，深入了解物质的结构和性质，拓宽知识面和视野。国家级化学创新实验室还可以为学生提供科研文献、数据库等资源，帮助学生了解学科前沿动态和研究成果，激发学生的科研兴趣和创新思维。

人才流动是两者衔接的重要环节。国家级化学创新实验室的科研人员可以担任高中"英才计划"的导师，为学生提供专业的指导和建议。科研人员具有丰富的科研经验和专业知识，能够引导学生正确开展科研项目，培养学生的科研能力和创新精神。导师可以指导学生选择研究课题、设计实验方案、分析实验数据等，帮助学生掌握科研方法和技能。高中"英才计划"的学生也可以参与国家级化学创新实验室的科研项目，与科研人员共同开展研究工作。在参与项目的过程中，学生可以接触到实际的科研问题，锻炼解决问题的能力，也能够增强团队合作意识和沟通能力。一些国家级化学创新实验室与高中"英才计划"合作开展了关于新能源材料的研究项目，学生在导师的指导下，参与到材料的合成、性能测试等研究工作中，不仅提高了自身的科研能力，还为新能源材料的研究作出了贡献。

为了实现两者的有效衔接，还需要建立完善的管理机制和保障措施。要明确双方的权利和义务，制定详细的合作协议和计划，确保资源共享和人才流动的顺利进行；加强对学生的安全管理和教育，确保学生在实验室中的安全；建立科学的评价机制，对学生在科研项目中的表现进行评估和反馈，激励学生积极参与科研活动，提高科研成果的质量。

2. 基础教育到高等教育再到国家战略科技力量的培养链条

从基础教育的"苗圃计划"，到高等教育的"强基计划"，再到国家战略科技力量，形成了一条递进式的化学人才培养链条。这一培养链条涵盖了不同教育阶段，每个阶段都有其独特的培养重点和目标，相互衔接、相互促进，共同为国家培养高素质的化学人才。

"苗圃计划"通常在基础教育阶段实施，旨在早期发现和培养具有化学天赋和兴趣的学生。该计划注重激发学生对化学学科的兴趣，培养学生的科学素养和基本实验技能。通过开展化学兴趣小组、科普讲座、实验活动等形式，让学生接触化学知识和实验操作，感受化学的魅力。组织学生参与化学实验竞赛，让学生在实践中锻炼实验技能和解决问题的能力，培养学生的团队合作精神和创新意识。"苗圃计划"还注重培养学生的学习习惯和思维方式，为学生的后续学习打下坚实的基础。通过引导学生自主学习、思考和探究，培养学生的自主学习能力和批判性思维能力，使学生具备终身学习的意识和能力。

"强基计划"是高等教育阶段为选拔培养有志于服务国家重大战略需求且综

合素质优秀或基础学科拔尖的学生而实施的招生改革试点。在化学学科方面，"强基计划"强调对学生基础学科知识的深度和广度的培养，注重培养学生的创新能力和科研素养。高校通过优化课程设置，为"强基计划"的学生提供更加系统、深入的化学专业课程，包括有机化学、无机化学、物理化学、分析化学等基础课程，以及材料化学、化学生物学等前沿交叉课程。加强实践教学和科研训练，为学生提供参与科研项目的机会，让学生在科研实践中提高创新能力和解决实际问题的能力。鼓励学生参与科研项目，跟随导师开展课题研究，培养学生的科研思维和方法，提高学生的科研水平。

国家战略科技力量是国家科技创新的核心力量，化学领域的战略科技力量对于解决国家重大战略需求中的关键科学问题具有重要作用。在这一阶段，化学人才需要具备深厚的专业知识、卓越的创新能力和团队协作精神，能够承担重大科研任务，推动化学学科的发展和应用。国家通过建设高水平的科研机构和创新平台，汇聚优秀的化学人才，开展前沿科学研究和关键技术攻关。在新能源材料、生物制药、环境治理等领域，组织化学领域的战略科技力量开展联合攻关，突破关键技术瓶颈，为国家的经济社会发展提供科技支撑。鼓励科研人员开展跨学科研究，加强与其他学科的交叉融合，培养具有跨学科背景和创新能力的化学人才，以应对复杂的科学问题和实际需求。

在这一递进式培养链条中，各阶段之间的衔接至关重要。基础教育阶段的"苗圃计划"为高等教育的"强基计划"输送具有化学兴趣和潜力的学生，高等教育阶段的"强基计划"则为国家战略科技力量培养储备人才。为了实现有效衔接，需要建立畅通的人才选拔和输送机制，加强各阶段之间的沟通与合作。在人才选拔方面，高校可以与中学建立合作关系，提前了解中学"苗圃计划"中表现优秀的学生，通过自主招生、推荐等方式选拔人才。在教学方面，高校可以与中学开展教学交流和合作,共同制订教学计划和课程标准,确保教学内容的连贯性和递进性。高校可以为中学教师提供培训和指导,提高中学教师的教学水平和科研能力,促进中学化学教学质量的提升。

第二节 高中学校培养未来行动

一、"三维立体化"培养体系构建

1. 课程重构:开发三级化学课程群

课程重构是高中化学教育培养拔尖创新人才的重要环节。开发"基础型-拓展型-研究型"三级化学课程群,旨在满足不同学生的学习需求和发展潜力,为学生提供更加丰富和多样化的学习体验,促进学生在化学学科领域的全面发展。

基础型课程是整个化学课程群的基石,它以国家课程标准为依据,涵盖了化学学科的基本概念、原理、规律和实验技能。其主要目标是确保全体学生掌握化学学科的基础知识和基本技能,培养学生的科学素养和基本的化学思维能力。在基础型课程的教学中,教师应注重知识的系统性和逻辑性,通过生动有趣的教学方法和多样化的教学手段,激发学生对化学学科的兴趣。在讲解化学元素周期律时,教师可以运用多媒体教学工具,展示元素周期表的发展历程,通过动画演示元素性质的周期性变化,帮助学生理解元素周期律的本质。加强实验教学,让学生亲自动手操作实验,如常见的化学物质的性质实验,培养学生的实验操作技能和观察能力,使学生在实践中加深对化学知识的理解。

拓展型课程是在基础型课程的基础上,对化学知识的进一步拓展和深化。它主要针对对化学学科有较高兴趣和学习能力的学生,旨在拓宽学生的知识面,培养学生的综合运用能力和创新思维。拓展型课程的内容可以包括化学学科的前沿知识、与其他学科的交叉内容以及化学在实际生活中的应用等。引入材料化学、化学生物学等前沿领域的知识，介绍新型材料的合成与性能、生物分子的化学等内容，让学生了解化学学科的最新发展动态。开设化学与环境、化学与能源等交叉课程，引导学生运用化学知识解决实际问题，培养学生的跨学科思维能力。在化学与环境课程中，让学生研究环境污染的化学原理和治理方法，通过实地调研和数据分析，提出自己的解决方案，提高学生的实践能力和创新思维。

研究型课程是三级化学课程群的高级阶段，它强调学生的自主探究和研究能力的培养。研究型课程通常以项目式学习的方式开展，学生在教师的指导下，自主选择研究课题，设计研究方案，开展实验研究，分析实验数据，最终得出研究结论并撰写研究报告。例如，"微流控芯片制备"项目式学习，学生需要了解微流控芯片的原理、设计方法和制备工艺，通过查阅文献、实验操作和数据分析，制备出具有特定功能的微流控芯片。在这个过程中，学生不仅能够深入掌握化学学科的专业知识和实验技能，还能够培养自己的问题解决能力、团队协作能力和创新能力。研究型课程还可以与科研机构、高校合作，让学生参与实际的科研项目，接触最前沿的科研设备和技术，拓宽学生的视野，激发学生的科研兴趣和创新精神。

2. 评价创新：构建增值评价模型

传统的高中化学教学评价往往侧重于学生的学业成绩，以考试分数作为主要评价标准，这种评价方式存在一定的局限性，难以全面、准确地反映学生的学习过程和发展潜力。为了更好地适应拔尖创新人才培养的需求，构建包含"学术志趣、批判思维、科研韧性"的增值评价模型具有重要意义。

学术志趣是学生对化学学科的兴趣和热爱程度，以及对学术研究的追求和向往。具有强烈学术志趣的学生往往能够主动积极地参与化学学习和研究活动，具有较高的学习动力和热情。在评价学生的学术志趣时，可以通过观察学生在课堂上的表现，如是否积极提问、参与讨论，是否主动查阅相关资料等，了解学生对化学学科的兴趣和关注程度。还可以通过问卷调查、访谈等方式，了解学生对化学学科的未来发展规划和职业理想，评估学生的学术追求和向往；组织学生参加化学兴趣小组、科研社团等活动，观察学生在活动中的参与度和表现，了解学生在实践活动中的兴趣和热情。

批判思维是指学生能够对所学知识进行独立思考、分析和判断，不盲目接受现成的结论，能够提出自己的见解和观点。在化学教学中，培养学生的批判思维能力有助于提高学生的创新能力和解决问题的能力。评价学生的批判思维能力时，可以通过设置开放性的问题，让学生进行思考和回答，观察学生的思维过程和分析方法。在化学实验教学中，让学生对实验结果进行分析和讨论，鼓励学生提出不同的观点和解释，评价学生的质疑能力和创新思维。组织学生进行学术论文阅读和讨论，让学生对论文中的观点和方法进行分析和评价，培养学生的文献阅读和批判性思维能力。

科研韧性是指学生在面对科研困难和挫折时，能够坚持不懈、勇于探索，保持积极的态度和坚定的信念。在科研过程中，学生难免会遇到各种困难和挫折，如实验失败、数据不理想等，具有科研韧性的学生能够从失败中吸取教训，不断调整研究方法和思路，最终取得成功。评价学生的科研韧性时，可以通过观察学生在科研项目中的表现，如遇到困难时的态度和应对方式，是否能够坚持完成研究任务等，了解学生的科研韧性。还可以通过与学生进行交流和沟通，了解学生在科研过程中的心理变化和成长历程，评估学生的挫折承受能力和自我调整能力。在学生遇到科研困难时，给予适当的指导和支持，观察学生的反应和进步情况，评价学生在克服困难过程中的成长和发展。

通过构建包含"学术志趣、批判思维、科研韧性"的增值评价模型，可以全面、客观地评价学生在化学学习和研究过程中的发展情况。这种评价模型不仅关注学生的学习结果，更注重学生的学习过程和发展潜力，能够为学生提供更加个性化的评价和反馈，帮助学生发现自己的优势和不足，促进学生的全面发展。在评价过程中，可以采用多元化的评价方式，如教师评价、学生自评、学生互评等，确保评价结果的客观性和公正性。将增值评价模型与教学过程紧密结合，根据评价结果及时调整教学策略和方法，可以为学生提供更加有针对性的教学指导，提高教学质量和效果。

3. 资源整合：建立三级实践平台

为了给学生提供丰富的实践机会，提高学生的实践能力和创新能力，建立"校内实验室-高校重点实验室-企业研发中心"三级实践平台是一种有效的途径。这三级实践平台各有特色和优势，相互补充，能够为学生提供从基础实验到前沿研究再到实际应用的全方位实践体验。

校内实验室是学生进行实践活动的基础平台，它为学生提供了进行基础化学实验的场所和设备。校内实验室的建设应注重满足学生的基本实验需求，配备必要的实验仪器和设备，如常见的化学分析仪器、合成实验装置等。校内实验室还应注重培养学生的实验基本技能和科学素养，通过开设基础实验课程和实验技能培训，让学生掌握实验操作的规范和方法，培养学生的观察能力、分析能力和解决问题的能力。在基础化学实验课程中，学生通过亲自动手操作实验，如物质的分离与提纯、化学反应速率的测定等，加深对化学知识的理解，提高实验技能。校内实验室还可以开展一些兴趣实验和探究性实验，激发学生的实验兴趣和创新思维，让学生在自主探究中发现问题、解决问题。

高校重点实验室拥有先进的实验设备、专业的科研团队和前沿的研究课题，为学生提供了接触高端科研资源和参与前沿研究的机会。高中学校可以与高校建立合作关系，让学生走进高校重点实验室，参与科研项目和实验研究。在高校重点实验室中，学生可以使用先进的科研仪器设备，如高分辨率显微镜、质谱仪等，开展一些具有挑战性的实验研究。学生还可以与高校的科研人员进行交流和合作，学习他们的科研方法和经验，拓宽自己的科研视野。一些高中与高校合作开展了关于新材料合成的研究项目，学生在高校重点实验室中，在科研人员的指导下，参与新材料的合成与性能测试实验，了解新材料领域的前沿研究动态，提高自己的科研能力和创新思维。

企业研发中心是将科研成果转化为实际产品的重要场所，它能够让学生了解化学在实际生产中的应用和需求。高中学校与企业合作，建立学生实践基地，让学生走进企业研发中心，参与企业的研发项目和生产实践。在企业研发中心，学生可以了解企业的研发流程和生产工艺，参与实际的产品研发和质量控制工作。通过与企业的接触，学生能够将所学的化学知识与实际应用相结合，提高自己的实践能力和解决实际问题的能力。在企业实践中，学生可以参与新型药物的研发项目，了解药物研发的流程和关键技术，学习如何将化学理论知识应用到实际的药物研发中，提高自己的实践能力和职业素养。

建立"校内实验室-高校重点实验室-企业研发中心"三级实践平台，需要学校、高校和企业之间的密切合作。学校应积极与高校和企业沟通协调，建立长期稳定的合作关系，共同制定实践教学计划和人才培养方案。高校和企业应充分发挥自身的优势，为学生提供优质的实践资源和指导教师，确保学生在实践过程中能够得到有效的指导和帮助。还需要建立完善的实践教学管理机制，加强对学生实践过程的管理和监督，确保实践教学的质量和效果。通过建立三级实践平台，为学生提供丰富的实践机会，培养学生的实践能力和创新能力，为学生未来的发展奠定坚实的基础。

二、协同育人新范式探索

1. 高中与高校、科研院所协同育人机制

高中与高校、科研院所协同育人是培养化学拔尖创新人才的重要途径。北京某附中与中国科学院化学所的合作，为我们提供了一个成功的案例，展示了协同育人机制在实践中的有效运行。

在课程共建方面，双方充分发挥各自的优势，共同开发具有特色的化学课程。中国科学院化学所拥有前沿的科研成果和专业的科研团队，能够为课程提供最新的研究动态和专业知识。北京某附中则根据学生的实际情况和教学需求，将这些科研成果和知识进行整合和转化，使其适合高中学生的学习水平。双方合作开发了"化学前沿与创新"课程，涵盖了材料化学、化学生物学等前沿领域的知识，通过讲座、实验、研讨等多种形式，让学生了解化学学科的最新发展趋势，拓宽学生的知识面和视野。在课程教学过程中，中国科学院化学所的科研人员担任兼职教师，为学生授课和指导，分享他们的科研经验和研究成果，激发学生的科研兴趣和创新思维。

导师互聘是协同育人机制的重要组成部分。中国科学院化学所的科研人员担任北京某附中学生的学术导师，为学生提供一对一的指导。学术导师根据学生的兴趣和特长，帮助学生选择研究课题，制定研究计划，指导学生进行实验操作和数据分析，培养学生的科研能力和创新精神。在研究过程中，学术导师会定期与学生进行交流，了解学生的研究进展和遇到的问题，及时给予指导和建议。北京某附中的教师则担任学生的学习导师，负责学生的日常学习和管理，关注学生的学习情况和心理状态，为学生提供学习方法和学习策略的指导，帮助学生解决学习中遇到的困难。通过导师互聘，学生能够得到来自不同领域的专业指导，实现学术与学习的有机结合，促进学生的全面发展。

科研项目合作也是高中与高校、科研院所协同育人的重要方式。北京某附中的学生可以参与中国科学院化学所的科研项目，在科研实践中锻炼自己的能力。学生在科研项目中，与科研人员一起开展实验研究，参与数据采集和分析，撰写研究报告等。通过参与科研项目，学生能够深入了解科研工作的流程和方法，提高自己的实验技能和科研素养，培养团队合作精神和沟通能力。在一个关于新型催化剂研发的科研项目中，北京某附中的学生参与了催化剂的合成、性能测试等实验工作，通过与科研人员的合作，学生不仅掌握了相关的实验技能，还学会了如何从实验数据中分析问题、解决问题，提高了自己的科研能力和创新思维。

高中与高校、科研院所的协同育人机制，通过课程共建、导师互聘、科研项目合作等方式，实现了资源共享、优势互补，为学生提供了更加优质的教育资源和学习机会，促进了学生的全面发展和成长。这种协同育人机制对于培养化学拔尖创新人才具有重要的借鉴意义，值得在更多的高中学校中推广和应用。通过加强高中与高校、科研院所的合作，能够形成更加完善的人才培养体系，为国家培养更多具有创新精神和实践能力的化学拔尖创新人才。

2. "学术导师+生涯导师"双导师制试行

"学术导师+生涯导师"双导师制是一种创新的人才培养模式，旨在为学生提供学术与生涯发展的双重指导，促进学生的全面成长。这种制度的实施，充分考虑了学生在高中阶段的多元化需求，为学生的未来发展奠定坚实的基础。

学术导师在学生的学术发展中扮演着重要的角色。他们通常是在化学学科领域具有深厚专业知识和丰富教学经验的教师或科研人员。学术导师负责指导学生的学术研究和学科学习，帮助学生深入掌握化学学科的专业知识和研究方法。在日常教学中，学术导师根据学生的学习情况和兴趣爱好，为学生制定个性化的学习计划，推荐适合学生阅读的学术文献和参考书籍，引导学生进行深入的学习和思考。在科研项目中，学术导师指导学生选择研究课题、设计实验方案、分析实验数据、撰写研究报告等，培养学生的科研能力和创新思维。在化学实验教学中，学术导师会指导学生正确使用实验仪器，规范实验操作流程，培养学生的实验技能和科学素养。通过学术导师的指导，学生能够在化学学科领域不断深入探索，提高自己的学术水平和研究能力。

生涯导师则关注学生的职业生涯规划和发展。他们了解社会对化学人才的需求和行业发展趋势，能够为学生提供全面的生涯指导和建议。生涯导师帮助学生了解自己的兴趣、优势和价值观，引导学生明确自己的职业目标和发展方向。通过开展职业生涯规划课程、组织职业体验活动等方式，让学生了解不同职业的工作内容、发展前景和职业要求，帮助学生做出合理的职业选择。生涯导师还会为学生提供职业技能培训和就业指导，帮助学生提高自己的综合素质和竞争力。在职业技能培训方面，生涯导师会指导学生撰写简历、面试技巧等，提高学生的求职能力。在就业指导方面，生涯导师会为学生提供就业信息和推荐就业机会，帮助学生顺利进入职场。

"学术导师+生涯导师"双导师制具有诸多优势。首先，这种制度能够满足学生的个性化需求。每个学生都有自己独特的兴趣、特长和发展需求，双导师制能够根据学生的特点，为学生提供个性化的指导和支持，帮助学生充分发挥自己的潜力。学术导师可以根据学生的学术兴趣和能力，为学生提供针对性的学术指导，帮助学生在化学学科领域取得更好的成绩。生涯导师可以根据学生的职业兴趣和发展方向，为学生提供个性化的生涯规划建议，帮助学生实现自己的职业目标。其次，双导师制能够促进学生的全面发展。学术导师注重学生的学术能力培养，生涯导师注重学生的职业素养和综合能力培养，两者相互补充，共同促进学生在学术和生涯方面的全面发展。学生在学术导师的指导下，提高自己的科研能力和创新思维，为未来的学术研究打下坚实的基础。在生涯导师的指导下，学生提高自己的职业技能和综合素质，为未来的职业发展做好充分准备。

为了确保"学术导师+生涯导师"双导师制的有效实施，需要制定科学的实施策略。首先，要建立完善的导师选拔和培训机制。选拔具有丰富教学经验、专业知识和职业素养的教师和科研人员担任导师，并对导师进行定期培训，提高导师的指导水平和能力。其次，要明确导师的职责和任务，制定详细的指导计划和评价标准，确保导师能够认真履行职责，为学生提供高质量的指导。再次，建立导师与学生之间的沟通机制，定期组织导师与学生进行交流和互动，了解学生的需求和问题，及时调整指导策略。最后，需要加强学校与企业、科研机构等的合作，为学生提供更多的实践机会和职业发展资源，拓宽学生的职业视野，提高学生的就业竞争力。通过科学的实施策略，能够充分发挥"学术导师+生涯导师"双导师制的优势，为学生的成长和发展提供有力的支持。

第三节　高中教师业务提升期待

一、"教学-科研-育人"三位一体的教师专业发展模型

1. 能力重构：新时代化学教师核心能力

在教育强国战略的推动下，高中化学教育面临着新的挑战与机遇，这对高中化学教师的能力提出了更高的要求。教师需要重构自身能力，以适应新时代

的需求，其中学科前沿追踪能力、科研项目指导能力和跨学科教学设计能力尤为关键。

学科前沿追踪能力是教师及时了解化学学科最新研究成果和发展动态的重要能力。化学学科发展迅速，新的理论、技术和研究成果不断涌现。教师要关注国际顶尖化学期刊，这些期刊发表了大量具有创新性和引领性的研究成果，能够帮助教师了解学科的前沿动态。通过阅读这些期刊，教师可以了解到新型材料的合成与应用、化学反应机理的深入研究、化学生物学的交叉融合等前沿领域的进展。参加学术会议也是教师追踪学科前沿的重要途径。在学术会议上，教师可以与国内外的专家学者进行交流，了解最新的研究成果和研究方向，拓宽自己的学术视野。参加国际化学会议，教师可以了解到全球化学领域的最新研究进展，与国际同行进行交流合作，提高自己的学术水平。

科研项目指导能力是教师指导学生开展科研项目、培养学生科研素养的关键能力。随着高中化学教育对学生创新能力培养的重视，越来越多的学生参与到科研项目中。教师需要掌握 ICP－MS（电感耦合等离子体质谱仪）、XRD（X 射线衍射仪）等高端仪器的教学化改造，使这些仪器能够更好地应用于高中化学教学和学生科研项目中。通过对这些仪器的教学化改造，教师可以让学生更好地理解仪器的原理和操作方法，提高学生的实验技能和科研能力。教师还需要指导学生进行科研项目的选题、设计、实施和数据分析，培养学生的科研思维和方法。在选题阶段，教师可以引导学生关注社会热点问题和学科前沿领域，选择具有研究价值和可行性的课题。在设计阶段，教师可以帮助学生制订合理的研究方案，选择合适的实验方法和技术路线。在实施阶段，教师可以指导学生进行实验操作，解决实验中遇到的问题。在数据分析阶段，教师可以引导学生运用科学的方法对实验数据进行处理和分析，得出可靠的结论。

跨学科教学设计能力是教师整合化学与其他学科知识、设计跨学科教学活动的能力。随着学科交叉融合的趋势日益明显，培养学生的跨学科思维和综合能力成为高中化学教育的重要任务。教师可以设计化学-人工智能交叉课题，如利用人工智能算法预测化学反应的活性和选择性。在这个课题中，教师需要引导学生运用化学知识理解化学反应的原理，运用人工智能知识开发算法和模型，实现化学与人工智能的有机结合。通过这样的跨学科教学活动，学生可以拓宽自己的知识领域，培养跨学科思维和综合能力，提高解决复杂问题的能力。教师还可以设计化学与生物、物理、环境等学科的交叉课题，让学生在跨学科的学习中，深入理解化学学科与其他学科的联系，培养学生的创新思维和实践能力。

2. 发展路径：三级培训体系与科研积分制

为了提升高中化学教师的专业能力，建立"校本研修-高校访学-国际交流"三级培训体系是一种有效的途径。这一体系涵盖了不同层次和范围的培训，能够满足教师在不同发展阶段的需求，促进教师的专业成长。

校本研修是教师专业发展的基础，它以学校为基地，以教师为主体，以解决学校教育教学中的实际问题为目标。校本研修可以包括专题讲座、教学研讨、公开课观摩、教学反思等多种形式。学校可以定期邀请专家学者来校举办专题讲座，介绍化学学科的前沿知识、教学方法和教育理念，拓宽教师的知识面和视野。组织教师开展教学研讨活动，针对教学中遇到的问题进行交流和讨论，分享教学经验和教学心得，共同提高教学水平。公开课观摩也是校本研修的重要形式，教师可以通过观摩其他教师的公开课，学习优秀的教学方法和教学技巧，反思自己的教学行为，不断改进自己的教学。教学反思是教师专业成长的重要环节，教师可以通过反思自己的教学过程，总结经验教训，发现自己的不足之处，不断改进，提高自己的教学质量。

　　高校访学是教师提升专业能力的重要途径，它可以让教师接触到高校的优质教育资源，了解学科的前沿动态和研究成果，提高自己的学术水平和科研能力。教师可以利用假期或学术休假时间，到高校进行访学。在访学期间，教师可以参加高校的学术讲座、研讨会和科研项目，与高校的专家学者进行交流和合作。参与高校的科研项目，教师可以学习到先进的科研方法和技术，提高自己的科研能力。参加学术讲座和研讨会，教师可以了解到学科的最新研究成果和发展趋势，拓宽自己的学术视野。高校还可以为教师提供专业课程学习和培训的机会，帮助教师更新知识结构，提高专业素养。

　　国际交流是教师了解国际化学教育发展趋势、拓宽国际视野的重要方式。随着全球化的发展，国际化学教育交流日益频繁。教师可以通过参加国际学术会议、国际交流项目等方式，与国际同行进行交流和合作。在国际学术会议上，教师可以了解到国际化学教育的最新研究成果和发展趋势，与国际同行分享自己的教学经验和研究成果，拓展国际合作渠道。参加国际交流项目，教师可以到国外学校进行访问学习，了解国外化学教育的教学理念、教学方法和课程设置，借鉴国外先进的教育经验，改进自己的教学。教师还可以与国外教师开展合作教学和科研项目，促进国际教育资源的共享和交流。

　　为了激励教师积极参与科研活动，提高教师的科研水平，实施教师科研积分制是一种有效的管理手段。教师科研积分制是将教师的科研成果进行量化，根据科研成果的数量和质量给予相应的积分，积分可以作为教师职称评审、绩效考核、评优评先等方面的重要依据。科研成果可以包括论文发表、课题研究、科研获奖、专利申请等。在论文发表方面，根据论文发表的期刊级别、影响因子等给予不同的积分。在课题研究方面，根据课题的级别、研究成果的质量等给予相应的积分。科研获奖和专利申请也可以根据其级别和影响力给予一定的积分。

通过实施教师科研积分制，可以激励教师积极开展科研活动，提高教师的科研积极性和主动性。教师为了获得更多的积分，会主动关注学科前沿动态，积极开展科研项目，撰写科研论文，提高自己的科研水平。科研积分制还可以促进教师之间的竞争与合作，可以相互学习、相互交流，共同提高科研能力。将科研积分纳入职称评审等方面的考核，可以打破传统的以教学业绩为主的评价模式，更加全面地评价教师的专业能力和综合素质，促进教师的全面发展。

3. 角色转型：从知识传授者到学术引路人

在新时代的高中化学教育中，教师的角色需要从传统的知识传授者向学术引路人转变。这种角色转型对于培养学生的创新能力、科研素养和自主学习能力具有重要意义。

在传统的高中化学教学中，教师往往侧重于知识的传授，将教材中的知识系统地讲解给学生，学生主要是被动地接受知识。这种教学模式在一定程度上能够帮助学生掌握基础知识，但不利于学生创新能力和科研素养的培养。随着教育理念的更新和教育目标的转变，教师需要承担起学术引路人的角色，引导学生主动探索知识，培养学生的科研思维和创新能力。

教师要激发学生的学术兴趣，引导学生树立正确的学术观念。化学学科具有丰富的内涵和广泛的应用领域，教师可以通过介绍化学学科的前沿研究成果、实际应用案例以及化学在解决社会问题中的重要作用，激发学生对化学学科的兴趣和热爱。在讲解新能源材料时，教师可以介绍锂离子电池、太阳能电池等新能源材料的研究进展和应用前景，让学生了解化学在解决能源问题中的重要作用，从而激发学生对新能源材料研究的兴趣。教师还可以引导学生树立正确的学术观念，培养学生的科学精神和学术道德，让学生明白学术研究需要严谨的态度、创新的思维和持之以恒的努力。

在教学过程中，教师要引导学生进行自主学习和探究。教师可以设计开放性的问题，引导学生通过查阅文献、实验探究、小组讨论等方式自主寻找答案。在讲解化学反应原理时，教师可以提出问题："如何提高某一化学反应的效率？"让学生通过查阅相关文献，了解影响化学反应效率的因素，然后设计实验方案进行探究。在实验探究过程中，教师可以给予学生适当的指导和帮助，引导学生分析实验数据，得出结论。通过这样的自主学习和探究活动，学生可以培养自己的自主学习能力、问题解决能力和创新思维。

教师还要为学生提供科研指导和实践机会。教师可以指导学生参与科研项目，帮助学生选择研究课题，制订研究计划，指导学生进行实验操作和数据分析。在指导学生参与科研项目时，教师要注重培养学生的科研方法和技能，让学生学会如何查阅文献、设计实验、分析数据等。教师还可以组织学生参加科研实践活动，如参观科研机构、参加科研讲座等，让学生了解科研工作的实际情况，拓宽学生的科研视野。

为了更好地实现角色转型，教师需要不断提升自己的专业素养和教育教学能力。教师要持续学习化学学科的前沿知识，关注学科的发展动态，不断更新自己的知识结构。教师要学习先进的教育教学理念和方法，掌握项目式学习、探究式教学等教学方法，提高自己的教学水平。教师还要加强与学生的沟通和交流，了解学生的需求和兴趣，为学生提供个性化的指导和帮助。

二、对比分析与自我评估

1. 引用美国 NSTA 标准进行对比

美国国家科学教师协会（NSTA）发布的《科学教师培养标准（2020 年

版）》为科学教师的培养提供了详细的指导和规范。该标准涵盖了学科内容知识、学科教学法、学习环境、安全、对学生学习的影响、专业知识与技能等多个方面，对我国高中化学教师的专业发展具有重要的参考价值。

在学科内容知识方面，NSTA标准强调教师应深入理解化学学科的核心概念、原理和理论，掌握化学学科的知识体系，并能够将这些知识与其他学科知识进行整合。教师应理解化学平衡的原理，并能够将其与物理学科中的热力学知识相结合，帮助学生更好地理解化学平衡的本质。我国高中化学教师在学科内容知识方面，通常对教材中的知识点掌握较为扎实，但在学科知识的前沿动态和跨学科知识的融合方面还有待加强。一些教师对化学学科的最新研究成果了解不够，无法将这些成果及时融入教学中，导致教学内容相对滞后。在跨学科知识的应用方面，部分教师缺乏跨学科教学的意识和能力，难以将化学知识与其他学科知识进行有效的整合。

学科教学法是教师将学科知识传授给学生的方法和策略。NSTA标准要求教师掌握多样化的教学方法，如探究式教学、项目式学习、合作学习等，以满足不同学生的学习需求。教师应能够设计探究式教学活动，引导学生通过实验探究、数据分析等方式自主获取知识，培养学生的科学探究能力和创新思维。我国高中化学教师在教学方法上，虽然也在不断尝试创新，但传统的讲授式教学仍然占据主导地位。一些教师对新的教学方法了解不够，缺乏实践经验，导致在教学中难以有效地运用这些方法。部分教师在教学过程中，过于注重知识的传授，而忽视了学生的主体地位，学生的学习积极性和主动性没有得到充分发挥。

NSTA标准十分重视学习环境的营造，认为良好的学习环境能够促进学生的学习和发展。教师应营造积极、包容、安全的学习氛围，鼓励学生积极参与课堂讨论和活动，尊重学生的个性差异和观点。教师应提供丰富的教学资源，如实验设备、教材、多媒体资料等，为学生的学习提供支持。在我国高中化学教学中，一些学校的教学资源相对匮乏，实验设备陈旧、不足，限制了学生的实验操作和探究活动。部分教师在课堂管理方面存在不足，不能有效地营造良好的学习氛围，导致学生的学习效果不佳。

在对学生学习的影响方面，NSTA标准强调教师应关注学生的学习进展和需求，及时给予反馈和指导，帮助学生克服学习困难。教师应能够运用多种评价方式，如形成性评价、终结性评价、表现性评价等，全面、客观地评价学生的学习成果。我国高中化学教师在对学生学习的评价方面，虽然也在逐渐引入多元化的评价方式，但仍然以考试成绩为主，对学生的学习过程和能力发展关注不够。一些教师在评价过程中，缺乏对学生的个性化评价，不能根据学生的实际情况提供有针对性的反馈和指导。

通过与美国NSTA标准的对比，我们可以发现我国高中化学教师在专业发展方面存在一些差距和不足。为了提升我国高中化学教师的专业水平，我们可以借鉴NSTA标准的相关理念和要求，加强教师的培训和学习，提高教师的学科知识水平、教学能力和专业素养。鼓励教师关注学科前沿动态，加强跨学科知识的学习和应用，不断创新教学方法，营造良好的学习环境，关注学生的学习需求和发展，采用多元化的评价方式，全面提升高中化学教学质量。

2. 编制教师科研素养自评量表

为了帮助高中化学教师更好地了解自己的科研素养水平，促进教师的专业发展，编制一份科学合理的教师科研素养自评量表具有重要意义。

量表编制的依据主要包括教育教学理论、化学学科特点以及教师科研素养的构成要素。教育教学理论为量表的编制提供了理论基础，如建构主义学习理论强调学生的主动建构和探究，这就要求教师具备引导学生进行探究式学习的能力，因此在量表中应体现教师在这方面的素养。化学学科的特点决定了教师需要具备扎实的化学专业知识、实验技能以及对化学学科前沿的了解。教师科研素养的构成要素包括科研意识、科研知识、科研能力、科研道德等方面，这些要素都应在量表中得到体现。

教师科研素养自评量表可以从以下几个维度进行设计。

科研意识维度，主要评估教师对科研的重视程度、参与科研的积极性以及对科研价值的认识。量表中可以设置问题，如"您是否认为科研对教学有重要的促进作用？""您是否积极主动地参与科研项目？"等，通过教师对这些问题的回答，了解教师的科研意识水平。

科研知识维度，主要考查教师对科研方法、科研文献检索与阅读、科研论文写作等方面的知识掌握程度。量表中可以设置相关问题，如"您是否掌握常用的科研方法，如实验研究法、文献研究法等？""您是否能够熟练地检索和阅读相关科研文献？"等，以此评估教师的科研知识水平。

科研能力维度是量表的核心部分，主要评估教师的科研选题能力、实验设计与操作能力、数据分析与处理能力、科研成果转化能力等。在科研选题能力方面，可以设置问题，如"您是否能够根据学科前沿和教学实际，提出具有研究价值的科研课题？"在实验设计与操作能力方面，可以询问教师"您是否能够独立设计并实施化学实验？"在数据分析与处理能力方面，可以考查教师"您是否掌握常用的数据分析软件，如SPSS、Excel等？"在科研成果转化能力方面，可以设置问题，如"您是否能够将科研成果应用于教学实践，改进教学方法和内容？"

科研道德维度，主要评估教师在科研过程中的道德规范和行为准则，如是否遵守学术诚信、是否尊重他人的研究成果等。量表中可以设置问题,如"您在科研过程中是否严格遵守学术诚信原则,杜绝抄袭、剽窃等行为?""您是否尊重他人的研究成果,在引用他人成果时是否注明出处?"

在应用教师科研素养自评量表时,教师可以根据自己的实际情况,对量表中的每个问题进行自我评价。量表可以采用量化评分的方式,如每个问题设置不同的分值,教师根据自己的回答选择相应的分值,最后通过计算总分来评估自己的科研素养水平。教师也可以对每个问题进行定性描述,如"总是""经常""偶尔""从不"等,以便更详细地了解自己在各个方面的表现。

通过使用教师科研素养自评量表,教师可以全面、客观地了解自己的科研素养状况,发现自己的优势和不足。针对自评结果,教师可以制订个性化的发展计划,有针对性地提升自己的科研素养。如果教师在科研知识维度得分较低,可以通过参加科研培训、阅读相关书籍和文献等方式,加强对科研知识的学习;如果教师在科研能力维度存在不足,可以通过参与科研项目、与同行交流合作等方式,提高自己的科研能力。学校和教育部门也可以根据教师的自评结果,了解教师的整体科研素养水平,为教师的培训和发展提供依据,制定相应的政策和措施,促进教师的专业发展。

第四节 拔尖创新人才培养展望

一、第四次工业革命对化学人才能力需求的变化

1. 人工智能赋能化学研究带来的教学变革

随着第四次工业革命的深入发展,人工智能技术在化学研究领域的应用日益广泛,为化学教学带来了深刻的变革。机器学习辅助分子设计作为人工智能

在化学领域的重要应用之一，对化学教学产生了多方面的影响，推动了新教学模式的探索与发展。

在传统的化学教学中，分子设计往往依赖于教师的讲解和学生对教材知识的理解，学生难以直观地感受分子设计的过程和原理。而机器学习辅助分子设计技术的出现，为学生提供了更加直观、高效的学习方式。通过机器学习算法，学生可以快速地对大量的分子结构和性质数据进行分析和处理，预测分子的性能，从而设计出具有特定功能的分子。在学习有机合成化学时，学生可以利用机器学习算法，根据目标分子的结构和性质要求，搜索合适的反应路径和合成方法，大大提高了学习效率和学习效果。这种技术的应用使学生能够更加深入地理解分子设计的原理和方法，培养学生的创新思维和实践能力。

机器学习辅助分子设计还为化学教学提供了丰富的教学资源和教学工具。教师可以利用相关的软件和平台，为学生提供真实的分子设计案例和实验数据，让学生在实践中学习和掌握分子设计的技能。一些化学教育软件可以模拟分子的合成过程，展示分子的结构和性质变化，帮助学生更好地理解化学反应的本质。教师还可以利用这些软件和平台，开展项目式学习和探究式教学，引导学生自主探索和解决问题，培养学生的自主学习能力和团队合作精神。在一个关于药物分子设计的项目中，教师可以将学生分成小组，让他们利用机器学习辅助分子设计技术，设计出具有特定药理活性的药物分子，并通过实验验证其效果。在这个过程中，学生需要查阅文献、分析数据、设计实验方案，与小组成员密切合作，共同完成项目任务。通过这样的项目式学习，学生不仅能够掌握分子设计的技术和方法，还能够提高自己的综合能力和创新思维。

人工智能赋能化学研究还带来了教学模式的创新。传统的化学教学模式以教师讲授为主，学生被动接受知识。而在人工智能时代，教学模式逐渐向以学生为中心的方向转变,强调学生的自主学习和探究。教师可以利用人工智能技术,为学生提供个性化的学习方案和指导,满足不同学生的学习需求。通过分析学生的学习数据,人工智能系统可以了解学生的学习进度、学习难点和兴趣爱好,为学生推荐适合的学习资源和学习任务。教师还可以利用人工智能技术,开展在线教学和远程教学,打破时间和空间的限制,让学生能够随时随地学习化学知识。一些在线化学教育平台利用人工智能技术,为学生提供实时的答疑解惑和学习反馈,帮助学生及时解决学习中遇到的问题,提高学习效果。

人工智能赋能化学研究带来的教学变革,为高中化学教学提供了新的机遇和挑战。教师需要积极适应这一变革,不断提升自己的信息技术素养和教学能力,充分利用人工智能技术,创新教学模式和教学方法,为学生提供更加优质的化学教育,培养适应新时代需求的化学拔尖创新人才。

2. 全球气候变化议题驱动的绿色化学教育转型

随着全球气候变化问题的日益严峻,绿色化学作为解决环境问题的重要手段,受到了越来越多的关注。绿色化学教育的转型对于培养学生的环保意识和可持续发展观念具有重要意义,是高中化学教育适应时代发展需求的必然选择。

绿色化学的核心是在化学研究和生产过程中,尽可能地减少或消除有害物质的使用和产生,实现经济效益与环境保护的双赢。其理念强调从源头上削减污染,通过设计更环保的化学品和工艺,减少对环境的负面影响。在传统的化学工业中,许多生产过程会产生大量的废弃物和污染物,对环境造成严重的破坏。绿色化学通过开发新的合成方法和技术,使化学反应更加高效、选择性更高,同时减少废弃物的产生,降低对环境的危害。采用绿色化学合成技术,可以实现原子经济性反应,使反应物的原子尽可能多地转化为目标产物,减少副产物的生成,从而降低废弃物的排放。

绿色化学教育的重要性不言而喻。在全球气候变化的背景下，培养学生的环保意识和可持续发展观念是教育的重要任务。绿色化学教育能够让学生了解化学在环境保护中的作用和责任，认识到化学不仅可以创造物质财富，还可以为解决环境问题做出贡献。通过绿色化学教育，学生可以学习到绿色化学的基本原理、方法和技术，培养学生的绿色化学思维和创新能力，使学生在未来的学习和工作中能够运用绿色化学的理念和方法，推动化学工业的可持续发展。在高中化学教学中，开展绿色化学教育，可以让学生了解化学实验中的绿色化学原则，如减少试剂用量、回收利用废弃物等，培养学生的环保习惯和责任感。

为了实现绿色化学教育的转型，需要采取一系列的策略。在课程设置方面，应将绿色化学的内容融入高中化学课程中，增加绿色化学的教学比重。在教材编写中，应突出绿色化学的理念和方法，介绍绿色化学的最新研究成果和应用案例。在教学过程中，教师可以通过讲解、讨论、实验等多种方式，让学生深入了解绿色化学的内涵和实践意义。在讲解化学反应原理时，可以引入绿色化学的原子经济性概念，让学生了解如何通过优化反应条件，提高原子利用率，减少废弃物的产生。开展绿色化学实验也是绿色化学教育的重要环节。教师可以设计一些绿色化学实验，如无溶剂反应、微波促进反应等，让学生亲身体验绿色化学的优势。在实验教学中，引导学生注意实验废弃物的处理和回收利用，培养学生的环保意识和实践能力。

加强绿色化学教育的师资培训也是实现绿色化学教育转型的关键。教师是绿色化学教育的实施者，他们的绿色化学素养和教学能力直接影响着学生的学习效果。因此，需要加强对教师的培训，提高教师的绿色化学知识水平和教学能力。可以通过举办绿色化学培训班、学术研讨会等方式，为教师提供学习和交流的机会，让教师了解绿色化学的最新发展动态和教学方法。鼓励教师开展绿色化学教学研究，探索适合高中学生的绿色化学教学模式和方法，提高绿色化学教育的质量和效果。

绿色化学教育的转型是高中化学教育适应全球气候变化议题的必然要求。通过培养学生的环保意识和可持续发展观念，推动绿色化学教育的发展，为未来化学人才的培养奠定坚实的基础，使他们能够在未来的工作中为实现可持续发展做出贡献。

二、拔尖培养的"中国模式"国际化路径探索

1. "大中小贯通培养"的学分互认机制

"大中小贯通培养"是一种创新的人才培养模式，它打破了教育阶段之间的壁垒，实现了从基础教育到高等教育的有机衔接。学分互认机制作为"大中小贯通培养"的关键环节，对于促进教育资源的共享和优化配置，提高人才培养的质量和效率具有重要意义。

学分互认机制的建立，需要明确学分的定义和标准。学分是衡量学生学习量和学习成果的重要指标，它应该能够准确反映学生在课程学习、实践活动等方面所付出的努力和取得的成绩。在不同教育阶段，学分的定义和标准可能存在差异，因此需要建立统一的学分认定体系。可以参考国际通用的学分标准，结合我国教育的实际情况，制定适合"大中小贯通培养"的学分认定规则。规定一门课程的学分应该根据课程的教学时长、教学内容的难度和深度等因素来确定，确保学分的科学性和合理性。

在课程设置方面，要实现大中小各教育阶段课程的有机衔接。高中阶段的课程应该为学生进入大学做好准备，注重培养学生的基础知识和基本技能，同时也要关注学生的兴趣和特长，开设一些拓展性和研究性的课程。大学阶段的课程则应该更加注重学科的专业性和前沿性，培养学生的创新能力和科研素养。

为了实现学分互认，需要对高中和大学的课程进行梳理和整合，明确哪些课程可以相互替代，哪些课程可以作为补充。高中阶段的化学实验课程可以与大学化学专业的基础实验课程进行衔接，学生在高中阶段完成的实验课程可以获得相应的大学学分，避免重复学习。

建立有效的沟通机制是学分互认机制实施的重要保障。大中小各教育阶段之间需要加强沟通与协作，共同制定学分互认的政策和流程。学校、教育部门和相关机构应该建立定期的沟通会议制度，及时解决学分互认过程中出现的问题。要建立信息共享平台，方便各教育阶段之间了解学生的学习情况和学分信息。通过信息化手段，实现学生学分信息的实时传递和共享，提高学分互认的效率和准确性。

学分互认机制的实施，还需要建立完善的评价和监督机制。要对学生的学习成果进行科学评价，确保学分的授予是基于学生的真实学习情况。可以采用多元化的评价方式，如考试、作业、实验报告、项目成果等，全面评估学生的学习能力和综合素质。加强对学分互认过程的监督，防止出现学分造假、违规操作等问题。建立健全的监督体系，加强对学校和教师的监督管理，确保学分互认机制的公平、公正、公开。

以某地区开展的"大中小贯通培养"试点项目为例，该地区建立了学分互认机制，实现了高中与大学之间的课程衔接和学分互认。在该项目中，高中学生可以选修大学的先修课程，通过考试后可以获得大学学分。大学也认可高中阶段学生在一些拓展性课程和研究性项目中取得的成果，并给予相应的学分。通过学分互认机制的实施，学生的学习积极性得到了提高，学习效果明显提升。学生在高中阶段就能够接触到大学的课程和教学资源，拓宽了自己的知识面和视野，为未来的大学学习打下了坚实的基础。该项目还促进了高中和大学之间的交流与合作，实现了教育资源的共享和优化配置。

2. 基于"数字孪生"技术的化学虚拟实验室建设

随着信息技术的飞速发展，"数字孪生"技术在教育领域的应用日益广泛。基于"数字孪生"技术的化学虚拟实验室建设，为学生提供了更加丰富和多样化的实验学习机会，具有重要的意义和价值。

"数字孪生"技术是一种利用数字化模型对物理实体进行实时映射和模拟的技术。在化学虚拟实验室中，"数字孪生"技术可以将真实的化学实验场景和实验设备进行数字化建模，构建出与真实实验环境高度相似的虚拟实验场景。学生可以在虚拟实验场景中进行实验操作，观察实验现象，分析实验数据，获得与真实实验相似的学习体验。通过"数字孪生"技术，还可以对实验过程进行实时监测和优化，提高实验的安全性和准确性。

基于"数字孪生"技术的化学虚拟实验室建设具有多方面的优势。它可以突破时间和空间的限制，为学生提供随时随地进行实验学习的机会。学生无需受限于实验室的开放时间和地理位置，只要有网络连接，就可以进入虚拟实验室进行实验操作。这为学生的自主学习和个性化学习提供了便利，学生可以根据自己的学习进度和需求，自由安排实验时间，提高学习效率。虚拟实验室可以避免真实实验中可能存在的安全风险，如化学品泄漏、爆炸等。在虚拟实验中，学生可以放心地进行各种实验操作，不用担心安全问题，同时也可以减少实验设备和实验材料的损耗，降低实验成本。

在技术实现方面，化学虚拟实验室建设需要综合运用多种技术。首先，需要利用三维建模技术对实验设备和实验场景进行精确建模，构建出逼真的虚拟实验环境。通过三维建模技术，可以将实验设备的外观、结构和功能进行数字化呈现，让学生能够直观地了解实验设备的操作方法和原理。其次，需要利用虚拟现实（VR）和增强现实（AR）技术，为学生提供沉浸式的实验体验。学生可以通过佩戴 VR 设备或使用 AR 应用，身临其境地感受实验过程，增强学习的趣味性和互动性。最后，还需要运用数据处理和分析技术，对学生在虚拟实验中的操作数据和实验数据进行实时采集和分析，为学生提供个性化的学习反馈和指导。通过对学生实验数据的分析，可以了解学生的学习情况和存在的问题，及时给予学生针对性的建议和指导，帮助学生提高实验技能和学习效果。

某高校建设的基于"数字孪生"技术的化学虚拟实验室，取得了显著的成效。该虚拟实验室涵盖了有机化学、无机化学、物理化学等多个学科领域的实验项目，学生可以在虚拟实验室中进行各种化学实验操作。在有机合成实验中，学生可以通过虚拟实验平台，模拟有机化合物的合成过程，观察反应现象，分析产物结构。虚拟实验室还提供了丰富的实验教学资源，包括实验视频、实验指导手册、在线答疑等，为学生的学习提供了全方位的支持。通过使用该虚拟实验室，学生的实验操作能力和创新思维得到了有效提升，教学质量也得到了显著提高。学生在虚拟实验中可以反复尝试不同的实验方案，探索实验的最佳条件，培养创新能力和实践能力。该虚拟实验室还促进了教学方法的创新，教师可以利用虚拟实验平台开展项目式学习、探究式教学等，提高了教学的趣味性和实效性。

三、文化建构与风险防范

1. 培育"新化学人"素养体系

在全球化和科技飞速发展的时代背景下，培育兼具家国情怀与国际视野的"新化学人"素养体系具有重要的战略意义。这一素养体系不仅关乎化学人才的个人成长和职业发展，更对国家的科技创新和国际竞争力的提升起着关键作用。

家国情怀是"新化学人"素养体系的重要基石。它体现为对国家和民族的深厚情感，以及对国家发展和社会进步的责任感和使命感。在化学领域，具有家国情怀的"新化学人"能够将个人的学术追求与国家的重大需求紧密结合，积极投身于解决国家在能源、环境、材料等关键领域的问题。在新能源材料研究中，他们以国家能源安全和可持续发展为目标，致力于开发高效、清洁的新能源材料，如新型太阳能电池材料、高性能储能材料等，为国家的能源转型和可持续发展贡献力量。在生物制药领域，他们关注国家人民的健康需求，努力研发新型药物和治疗方法，提高国家的医疗水平和人民的健康福祉。

国际视野是"新化学人"素养体系的重要组成部分。随着全球化的深入发展，化学领域的国际交流与合作日益频繁。具有国际视野的"新化学人"能够了解国际化学领域的最新研究动态和发展趋势，掌握国际前沿的研究方法和技术，积极参与国际学术交流与合作，提升我国化学学科在国际上的影响力。他们能够关注全球气候变化、环境污染等全球性问题，运用化学知识和技术，为解决这些全球性挑战提供中国方案。在绿色化学研究中，他们借鉴国际先进经验，开展绿色化学合成技术、污染物减排与治理等方面的研究，推动我国绿色化学的发展，为全球环境保护做出贡献。

为了培育"新化学人"素养体系，需要采取多种有效的方法。在教育教学中，融入家国情怀和国际视野的教育内容是关键。通过开设相关课程和讲座，引导学生了解我国化学学科的发展历程和成就，以及化学在国家发展中的重要作用，激发学生的爱国热情和民族自豪感。在化学史课程中，介绍我国古代化学的辉煌成就，如造纸术、火药等，以及现代化学领域的杰出科学家的事迹，如屠呦呦发现青蒿素的过程，让学生感受到化学学科对国家和人类的贡献。另外，开展国际化学教育交流活动，邀请国际知名化学家来校讲学，组织学生参加国际化学学术会议和竞赛，拓宽学生的国际视野，培养学生的跨文化交流能力；鼓励学生阅读国际化学学术期刊，了解国际化学研究的最新成果和发展趋势，培养学生的国际竞争力。

实践活动也是培育"新化学人"素养体系的重要途径。组织学生参与科研项目，让学生在实践中锻炼自己的科研能力和创新思维，同时培养学生的团队合作精神和社会责任感。在科研项目中，引导学生关注国家和社会的需求，选择具有实际应用价值的研究课题，如环境污染治理、新能源开发等，让学生在解决实际问题的过程中，增强家国情怀和社会责任感。开展社会实践活动，让学生深入了解社会对化学人才的需求，以及化学在社会发展中的应用，培养学生的社会适应能力和职业素养。组织学生参观化工企业、科研机构等，让学生了解化学在实际生产和科研中的应用，提高学生的实践能力和职业认知。

2. 建立拔尖学生心理韧性培养机制

心理韧性是个体在面对困难、挫折和压力时能够保持积极心态，有效应对并从中恢复和成长的能力。对于拔尖学生而言，在追求卓越的过程中，他们面临着高强度的学习压力、激烈的竞争以及科研探索中的不确定性，因此建立心理韧性培养机制尤为重要。

斯坦福大学的"成长型思维"研究成果为拔尖学生心理韧性培养提供了重要的理论支持。"成长型思维"认为，人的能力是可以通过努力和学习不断发展的，拥有这种思维模式的个体在面对挑战时，更倾向于将其视为成长和提升的机会，而不是威胁。他们能够积极应对困难，坚持不懈地努力，相信通过自身的努力可以克服困难，取得进步。在化学科研中，当遇到实验失败、数据不理想等挫折时，具有"成长型思维"的拔尖学生不会轻易放弃，而是会从失败中吸取教训，分析问题所在，调整实验方案，继续努力，直至取得成功。

建立心理韧性培养机制可以从多个方面入手，开展心理健康教育课程是基础。在课程中，系统地向学生传授心理健康知识，包括情绪管理、压力应对、挫折承受等方面的内容，帮助学生了解心理韧性的重要性以及如何培养心理韧性。通过案例分析、小组讨论等方式，引导学生学习应对挫折的方法和技巧，如积极的自我暗示、合理的情绪宣泄等。在心理健康教育课程中，讲述科学家在面对科研挫折时如何保持坚定信念，最终取得成功的故事，激励学生培养坚韧不拔的精神。

心理咨询与辅导是心理韧性培养机制的重要组成部分。学校可以设立专门的心理咨询室，配备专业的心理咨询师，为学生提供个性化的心理咨询和辅导服务。当学生遇到心理困扰时，能够及时得到专业的帮助和支持。心理咨询师可以通过与学生的沟通交流，了解学生的问题和需求，帮助学生分析问题产生的原因，提供针对性的解决方案。对于在科研项目中遇到困难而产生焦虑情绪的学生，心理咨询师可以引导学生正确看待挫折，帮助学生调整心态，制定合理的计划，逐步克服困难。

组织挫折教育活动也是培养学生心理韧性的有效方式。通过模拟真实的挫折情境，让学生在实践中锻炼自己的应对能力。开展科研项目模拟竞赛，在竞赛中设置各种困难和挑战，如实验条件有限、时间紧迫等，让学生在应对这些挑战的过程中，学会如何调整心态，寻找解决问题的方法。在活动结束后，组织学生进行反思和总结，引导学生分享自己的经验和体会，进一步提升学生的心理韧性。

营造积极的校园文化氛围对学生心理韧性的培养也具有重要影响。学校可以通过宣传优秀学生的事迹、举办学术讲座等方式，营造积极向上、勇于创新、不怕困难的校园文化氛围。在校园内设置宣传栏，展示优秀学生在面对挫折时不屈不挠、努力奋斗的故事，激励其他学生向他们学习。邀请成功的科学家、企业家等来校举办讲座，分享他们在职业生涯中克服困难的经验和心得，为学生树立榜样，激发学生的斗志和信心。

建立拔尖学生心理韧性培养机制是一个系统工程，需要学校、教师和学生的共同努力。通过借鉴相关研究成果，采取多种有效的措施，培养学生的心理韧性，使他们能够在面对各种挑战时，保持积极的心态，不断追求卓越，为成为优秀的化学拔尖创新人才奠定坚实的心理基础。

第六章 06

高中化学拔尖人才培养的生态构建思考

自改革开放以来，我国在教育领域取得了举世瞩目的成就，教育普及程度大幅提高，国民素质显著提升。然而，在拔尖创新人才培养方面，与发达国家相比仍存在一定差距。著名的"钱学森之问"深刻地揭示了我国教育在培养杰出人才方面面临的困境。为了回应这一时代之问，我国政府出台了一系列政策举措，如"拔尖计划2.0""强基计划"等，旨在加强基础学科拔尖人才的选拔与培养，提高我国高等教育的质量和国际竞争力。

在这样的背景下，高中化学拔尖人才培养显得尤为重要。高中阶段是学生思维能力、创新能力和科学素养形成的关键时期，通过科学合理的培养体系，能够激发学生对化学学科的兴趣和潜能，为他们未来在化学及相关领域的深入学习和研究奠定坚实的基础。同时，高中化学拔尖人才培养也是实现教育公平与卓越平衡的重要途径，通过提供多样化的教育资源和机会，让更多有潜力的学生能够脱颖而出，实现自身的价值。

构建高中化学拔尖人才生态培养体系具有重要的现实意义。从国家战略层面来看，能够为我国在化学及相关领域的科技创新提供源源不断的人才支持，助力我国在全球科技竞争中占据一席之地。以新能源领域为例，化学拔尖人才在锂离子电池、太阳能电池等新型能源材料的研发中发挥着关键作用，他们的创新成果能够推动我国新能源产业的发展，减少对传统化石能源的依赖，实现能源的可持续发展。在环境保护方面，化学拔尖人才在环境污染治理、绿色化学合成等领域的研究，能够为解决全球性环境问题提供有效的技术方案，促进人与自然的和谐共生。

从教育发展层面来看，生态培养体系的构建能够促进高中化学教育教学改革的深入推进，推动教育理念、教学方法和评价方式的创新。通过引入跨学科教学、项目式学习、探究式学习等先进的教学理念和方法，激发学生的学习兴趣和主动性，培养他们的创新思维和实践能力。同时，建立多元化的评价体系，关注学生的全面发展和个性特长，能够更加准确地评估学生的学习成果和潜力，为学生的个性化发展提供指导。

从学生个人发展层面来看，生态培养体系能够为学生提供更加丰富和优质的教育资源，满足他们个性化的学习需求。通过参与科研项目、学术交流活动等，学生能够拓宽自己的视野，了解学科前沿动态，培养自己的科研素养和团队合作精神。这些能力和素养将对学生未来的学习和职业发展产生深远的影响，使他们能够更好地适应社会发展的需求，成为具有国际竞争力的高素质人才。

第一节　政策支持与资源保障体系的构建逻辑

一、国家层面协同

1. 拔尖计划 2.0 与强基计划的衔接

拔尖计划 2.0 全称为基础学科拔尖学生培养计划 2.0，是教育部在 2019 年提出的旨在培养未来杰出自然科学、社会科学家和医学科学家的人才培养计划。该计划是对 2009 年启动的拔尖计划 1.0 的延续和升级，在实施范围上，从原先的纯理学科拓展到大理、大文、大医等多个领域，覆盖数学、物理学、化学、生物科学、计算机、天文学、地理科学、大气科学、海洋科学、地球物理学、地质学、心理学、基础医学（药学）、哲学、经济学、中国语言文学、历史学等 20 个专业类。截至目前，已有 77 所高校参与该计划，共建设了 288 个基地。在人才选拔机制上，拔尖计划 2.0 通过入校二次选拔、高考"强基计划"、高中"英才计划"等多种方式，选拔有志于攀登科学高峰的拔尖人才。

强基计划是教育部为服务国家重大战略需求，加强拔尖创新人才选拔培养，在部分高校开展基础学科招生改革试点。自 2020 年起，在 36 所"一流大学"开展试点。强基计划聚焦高端芯片与软件、智能科技、新材料、先进制造和国家安全等关键领域以及国家人才紧缺的人文社会科学领域，重点在数学、物理、化学、生物及历史、哲学、古文字学等相关专业招生。该计划主要采取"85+15"的成绩折算方式选拔录取，即考生高考成绩占 85%，高校综合考核成绩占 15%，是在高考前的一次特殊类型招生。

可以看出，两者在定位上存在明显差异。拔尖计划 2.0 更侧重于人才的全过程培养，从选拔到培养，为学生提供贯穿整个学习生涯的支持和指导，注重培养学生的科研兴趣和创新能力。通过多样化的选拔方式，选拔出具有科研潜力的学生，并为他们提供优质的教育资源和科研环境，助力他们成长为学术大师。而强基计划则主要在高考招生环节，选拔对基础学科有浓厚兴趣、成绩优异的学生，为国家关键领域和重大战略需求储备人才。

为实现两者的有效衔接，高中与大学应联合设计课程。在高中阶段，可以引入大学先修课程，如大学化学基础、有机化学导论等，让有潜力的学生提前接触大学化学知识体系，了解学科前沿动态，培养学生的自主学习能力和科研思维。例如，清华大学与部分重点高中合作，开设了"清华大学化学先修课程"，课程内容涵盖化学原理、有机化学、物理化学等多个领域。由清华大学的教授授课，通过线上线下相结合的方式，让高中学生能够享受到优质的大学教育资源。同时，高中化学课程也应注重与强基计划招生专业的衔接，在教学内容上，加强对基础学科知识的深度和广度拓展，培养学生的学科素养和综合能力。

导师制也应提前介入。在高中阶段，就可以为有潜力的学生配备导师，导师可以来自高校、科研机构或企业，为学生提供个性化的指导和帮助。导师可以指导学生进行科研项目，帮助学生了解科研过程，培养学生的科研兴趣和能力。例如，北京大学与部分高中合作，开展了"中学生科技创新后备人才培养计划"，为参与计划的学生配备了北京大学的教授作为导师，指导学生开展科研项目，帮助学生撰写科研报告，提高学生的科研水平。在大学阶段，导师可以继续跟踪学生的学习和科研进展，为学生提供更深入的指导和支持，帮助学生顺利完成学业，成长为优秀的科研人才。通过高中与大学联合设计课程、导师制提前介入等协同策略，可以实现拔尖计划2.0与强基计划的有效衔接，为国家培养更多优秀的化学拔尖人才。

2. 政策工具整合

为了更好地支持高中化学拔尖人才的培养，应设立专项基金，主要用于支持高中与高校联合实验室建设，确保拔尖学生能够参与科研项目，提升实践能力和创新思维。

专项基金的设立有着重要的现实意义。在当下高中化学教育中，实验设备的陈旧和缺乏是一个普遍存在的问题，许多高中无法为学生提供先进的实验条件，这在很大程度上限制了学生的实践能力和创新思维的培养。同时，高中与高校之间的合作也面临着资金短缺的困扰，难以开展深入的科研项目和人才培养活动。专项基金的设立将有效解决这些问题，为高中化学拔尖人才培养提供有力的支持。

专项基金可以用于购置先进的实验设备，如高分辨率显微镜、质谱仪、核磁共振仪等，这些设备能够让学生接触到最前沿的实验技术，提高学生的实验操作能力和科学素养。以质谱仪为例，它能够帮助学生精确地分析化合物的结构和组成，对于培养学生在有机化学和分析化学领域的研究能力具有重要作用。

专项基金还可以用于支持高中与高校联合开展科研项目，如共同研究新型电池材料、绿色化学合成方法等，让学生在实践中锻炼自己的科研能力，培养创新思维。

在管理和使用方面，专项基金应建立严格的管理制度，确保资金的合理使用，可以设立专门的管理委员会，由教育部门、高校和高中的代表组成，负责基金的审批、监督和评估工作。在项目申报阶段，要求高中和高校联合提交详细的项目计划书，包括研究目标、实验方案、预期成果等，管理委员会根据项目的可行性和创新性进行审批。在项目实施过程中，定期对项目进展进行检查和评估，确保项目按照计划顺利进行。对于表现优秀的项目，给予额外的奖励和支持；对于未能达到预期目标的项目，要求项目团队进行整改或终止项目。

专项基金的设立还应注重与其他政策工具的协同作用，可以与国家自然科学基金、地方科研基金等相结合，形成多层次的科研资助体系，为高中化学拔尖人才培养提供更广泛的支持；可以与人才引进政策相结合，吸引国内外优秀的化学人才参与到高中与高校联合实验室的建设和科研项目中，提高实验室的科研水平和人才培养质量。通过设立专项基金并合理管理和使用，加强与其他政策工具的协同作用，可以为高中化学拔尖人才培养提供坚实的资源保障，推动高中化学教育的发展，为国家培养更多优秀的化学拔尖人才。

二、区域资源共享

1. 区域联盟模式

区域联盟模式在高中化学教育资源整合与共享方面具有显著优势，以"长三角化学教育联盟"为例，该联盟于近些年成立，由长三角地区的多所高中、高校以及教育研究机构共同组成，旨在整合区域内化学教育资源，提升化学教育质量，促进区域内化学教育的协同发展。

在数字化资源库建设方面，"长三角化学教育联盟"取得了丰硕的成果。联盟组织专业团队，整合区域内优质的化学教学资源，包括教学课件、实验视频、试题库、学术论文等，建立了一个涵盖化学教学各个方面的数字化资源库。通过数字化资源库，教师可以方便地获取各种教学资源，丰富教学内容，提高教学质量。学生也可以通过资源库进行自主学习，拓宽知识面，提高学习效果。在化学实验教学中，一些复杂的实验操作对于学生来说可能存在一定的难度，通过观看数字化资源库中的实验视频，学生可以更加直观地了解实验步骤和注意事项，提高实验操作的准确性和安全性。

在教师跨校轮岗机制方面，"长三角化学教育联盟"也进行了积极的探索。联盟制定了详细的教师跨校轮岗计划，每年选派一定数量的优秀化学教师到其他学校进行交流任教，时间为一学期或一学年。在轮岗期间，教师不仅要承担教学任务，还要参与学校的教学研究和师资培训工作，分享自己的教学经验和教学方法，促进教师之间的相互学习和共同提高。通过教师跨校轮岗机制，实现了优质师资资源的共享，提高了区域内化学教师的整体教学水平。以某校为例，该校一名化学教师在轮岗到另一所学校后，将自己在教学中采用的项目式学习方法分享给了该校的教师，受到了广泛的好评。其他教师纷纷借鉴这种教学方法，应用到自己的教学中，取得了良好的教学效果。

除了"长三角化学教育联盟"，国内还有一些其他地区的教育联盟也在积极探索区域资源共享模式。"珠三角化学教育联盟"通过开展联合教研活动、举办教学观摩课等方式，促进了区域内化学教师的交流与合作；"京津冀化学教育联盟"则在教育政策协调、教育资源共享等方面发挥了重要作用。这些区域联盟的成功经验为其他地区提供了有益的借鉴，推动了我国高中化学教育的整体发展。

2. 地方政策倾斜

地方政府在高中化学拔尖人才培养中应发挥重要作用，将拔尖培养纳入考核指标是推动高中化学教育发展的重要举措。通过将拔尖培养纳入考核指标，能够促使学校更加重视化学拔尖人才的培养，加大对化学教育的投入，提高化学教学质量。

在实际操作中，地方政府可以制定明确的考核标准和评价体系，对学校在化学拔尖人才培养方面的工作进行全面、客观的评价。考核内容可以包括学生的化学竞赛成绩、科研项目参与情况、创新成果等，以及学校在课程设置、师资队伍建设、教学资源配置等方面，为拔尖培养提供的支持和保障。对于在拔尖培养工作中表现突出的学校，地方政府可以给予表彰和奖励，如颁发荣誉证书、给予资金支持、提供政策优惠等，以激励学校积极开展拔尖培养工作。对于工作不力的学校，地方政府可以提出整改要求，督促其改进工作。

配套经费支持实验设备更新也是地方政策倾斜的重要方面。高中化学实验教学是培养学生实践能力和创新思维的重要环节，而先进的实验设备是开展实验教学的基础。然而，由于资金短缺等原因，许多高中的实验设备陈旧落后，无法满足教学需求。地方政府应加大对高中化学实验设备更新的投入，设立专项经费，用于购置先进的实验设备，如高分辨率显微镜、质谱仪、核磁共振仪等。这些设备能够让学生接触到最前沿的实验技术，提高学生的实验操作能力和科学素养。

地方政府还可以鼓励企业和社会力量参与高中化学实验设备的更新和建设，通过捐赠、合作等方式，为学校提供更多的资源支持。一些化工企业可以与学校合作，共建实验室，为学生提供实习和实践的机会，同时也为企业培养了潜在的人才。通过地方政府的政策倾斜，加大对高中化学实验设备更新的投入，鼓励企业和社会力量参与，能够为高中化学拔尖人才培养提供更好的实验条件，促进学生的全面发展。

三、学校资源配置

1. 实验室分级标准

学校应根据学生的不同需求和发展阶段，建立基础型、探究型、创新实验室的分层配置体系。基础型实验室主要满足学生的基本实验教学需求，配备常规的实验仪器和设备，如玻璃仪器、天平、酸度计等，用于开展化学实验基本操作、物质性质验证等。学生通过在基础型实验室的学习和实践，掌握化学实验的基本技能和方法，培养科学实验的基本素养。

探究型实验室则侧重于培养学生的探究能力和创新思维，配备一些先进的实验设备和技术，如数字化传感器、小型光谱仪、色谱仪等，用于开展探究性实验和项目式学习。学生在探究型实验室中，可以自主提出问题、设计实验方案、进行实验探究，并通过数据分析和讨论得出结论，培养学生的自主学习能力和科学探究精神。以数字化传感器为例，它可以实时采集实验数据，并通过计算机软件进行数据分析和处理，让学生更加直观地了解实验过程中的变化规律，提高学生的实验效率和准确性。

创新实验室则是为具有较高化学天赋和创新能力的学生提供的高端实验平台，配备前沿的实验设备和技术，如高分辨率显微镜、质谱仪、核磁共振仪等，用于开展创新性科研项目和实践活动。学生在创新实验室中，可以接触到化学领域的前沿研究课题，与高校和科研机构的专家学者合作，开展科研项目研究，培养学生的科研能力和创新能力。例如，利用高分辨率显微镜可以观察到物质的微观结构，为学生研究材料的性能和应用提供重要的实验依据；质谱仪和核磁共振仪则可以用于分析化合物的结构和组成，为学生开展有机合成和药物研发等科研项目提供关键的技术支持。

引入微型化绿色化学实验设备也是实验室建设的重要方向。微型化实验设备具有试剂用量少、实验时间短、环境污染小等优点，符合绿色化学的理念。在有机化学实验中，可以使用微型化的实验装置进行合成反应，减少试剂的用量和废弃物的产生。绿色化学实验设备则注重实验过程中的环境保护，如采用无污染的实验试剂、优化实验流程减少污染物的排放等。通过引入微型化绿色化学实验设备，可以培养学生的环保意识和可持续发展观念，同时也降低了实验成本，提高了实验的安全性。

2. 专项资金管理

学校应设计"项目制"资金分配模式，以鼓励学生自主申报创新课题。在"项目制"资金分配模式下，学校设立专门的创新课题专项资金，学生可以根据自己的兴趣和特长，自主申报创新课题。学校组织专家对申报的课题进行评审，根据课题的创新性、可行性和研究价值等因素，确定资助项目和资助金额。

以基于双碳目标的催化材料研究课题为例，学生在申报该课题时，需要详细阐述研究背景、研究目标、研究内容、实验方案、预期成果等内容。在研究背景中，学生可以分析当前全球气候变化的严峻形势，以及双碳目标对我国经济社会发展的重要意义，强调催化材料在实现双碳目标中的关键作用。在研究目标中，明确提出要研发一种高效的催化材料，能够实现二氧化碳的高效转化和利用。研究内容则包括催化材料的设计、合成、表征以及性能测试等方面。在实验方案中，详细描述实验的步骤、方法和所需的实验设备。预期成果可以包括发表学术论文、申请专利、参加科技竞赛等。

学校对获批的课题提供资金支持，资金主要用于购买实验材料、设备租赁、参加学术交流活动等方面。在购买实验材料时，学生需要根据实验方案的要求，选择合适的实验材料，并严格按照学校的采购流程进行采购。在设备租赁方面，学生可以根据实验的需要，租赁学校创新实验室或其他科研机构的实验设备。参加学术交流活动可以拓宽学生的视野，了解学科前沿动态，提高学生的科研水平。学校还会为每个课题配备指导教师，指导教师负责对课题的研究过程进行指导和监督，确保课题能够顺利进行。

为了确保资金的合理使用，学校应建立严格的资金管理制度，对资金的使用范围、审批流程、报销方式等做出明确规定。资金只能用于与课题研究相关的支出，严禁挪作他用。在审批流程上，学生需要填写资金使用申请表，详细说明资金的用途和金额，经指导教师和学校相关部门审核批准后，方可使用资金。报销时，学生需要提供正规的发票和报销凭证，按照学校的财务制度进行报销。学校还会定期对资金的使用情况进行审计和监督，确保资金使用的透明和规范。对于违反资金管理制度的行为，学校将严肃处理，追回违规使用的资金，并对相关责任人进行处罚。通过"项目制"资金分配模式，鼓励学生自主申报创新课题，并建立严格的资金管理制度，可以激发学生的创新热情和科研兴趣，提高学生的创新能力和实践能力，为高中化学拔尖人才的培养提供有力的支持。

第二节 家校社协同机制的创新设计

一、家庭科学启蒙

1. 可操作性策略

家庭作为孩子成长的第一环境，在科学启蒙方面具有不可替代的作用。开发家庭实验工具箱是激发孩子对化学兴趣的有效方式之一。家庭实验工具箱包含安全型化学试剂套装,如白醋、小苏打、碘酒、过氧化氢等常见且安全的试剂,以及一些简单的实验仪器,如滴管、试管、放大镜、pH试纸等。这些工具能够让孩子在家中轻松开展一些有趣的化学实验,如"自制汽水"实验,利用小苏打和白醋反应产生二氧化碳的原理,让孩子体验到化学变化的神奇;"碘酒与淀粉的反应"实验,通过观察碘酒滴在淀粉上颜色的变化,了解化学物质之间的相互作用。

亲子科学挑战赛也是一种极具趣味性和互动性的家庭科学启蒙方式。以"厨房里的化学反应"为主题的挑战赛,家长和孩子可以共同参与,探索厨房中各种食材和调料之间的化学反应。在制作蛋糕的过程中,让孩子了解泡打粉在受热时分解产生二氧化碳,从而使蛋糕膨胀的原理;在腌制泡菜时,引导孩子观察乳酸菌发酵的过程,以及泡菜在腌制过程中的颜色、味道和质地的变化。通过这些有趣的挑战,不仅能够增强亲子关系,还能让孩子在实践中学习化学知识,培养他们的观察能力、思考能力和动手能力。

为了更好地实施这些策略,学校和社区可以发挥积极的引导作用。学校可以定期举办家庭科学实验讲座,邀请专业的化学教师或科普专家,为家长和孩子讲解家庭实验的原理、方法和注意事项,提供实验指导和建议。社区可以组织家庭科学实验比赛,为家庭提供展示实验成果的平台,激发家庭参与科学实验的积极性。学校还可以与家长建立沟通机制,定期分享家庭科学实验的资源和经验,鼓励家长和孩子共同参与科学实验活动。通过学校、家庭和社区的共同努力,营造良好的家庭科学启蒙氛围,让孩子在轻松愉快的环境中感受化学的魅力,培养对化学的兴趣和热爱。

2. 环境营造指标

制定家庭科学素养评估量表是衡量家庭科学启蒙效果的重要手段,该量表可从多个维度进行设计。在家庭科学氛围营造方面，考查家庭是否有专门的科学阅读区域，是否经常订阅科学杂志、购买科学书籍；家庭是否会定期观看科学类的电视节目、纪录片或参加科学展览、科普讲座等活动。在家长科学素养方面，评估家长对科学知识的了解程度，是否能够正确解答孩子提出的科学问题，是否具备科学的思维方式和解决问题的能力。在孩子科学兴趣培养方面，观察孩子是否主动参与科学实验、科学探究活动，是否对科学现象表现出浓厚的兴趣，是否有自己的科学小发现、小发明等。

以一个具体的家庭为例，小张一家为了培养孩子的科学素养，专门在书房设立了科学阅读角，购买了许多科普书籍。每周他们都会一起观看科学纪录片，共同探讨纪录片中的科学知识和现象。在家长的引导下，孩子对科学实验产生了浓厚的兴趣，经常利用家庭实验工具箱进行实验，如"自制彩虹"实验，通过光的折射原理，用三棱镜将太阳光分解成七种颜色。孩子还积极参加学校组织的科学探究活动，在教师的指导下，完成了"植物的向光性"探究实验，观察植物在不同光照条件下的生长情况。通过这些活动，孩子的科学素养得到了显著提升，在家庭科学素养评估量表中取得了较高的分数。

将家庭科学素养评估结果纳入学生成长档案具有重要意义。它可以为学校和教师提供全面了解学生家庭科学教育情况的依据，帮助教师制订个性化的教学计划和辅导方案。对于科学素养较高的学生，教师可以提供更具挑战性的学习任务和科研项目，进一步激发他们的潜力；对于科学素养有待提高的学生，教师可以加强与家长的沟通与合作，共同制订提升计划，为学生提供更多的科学教育资源和指导。家庭科学素养评估结果也可以为家长提供反馈，让家长了解自己在家庭科学启蒙方面的优势和不足，从而有针对性地改进教育方法和策略,营造更好的家庭科学氛围,促进孩子科学素养的全面提升。

二、社会力量联动

1. 校企合作模式

校企合作在高中化学拔尖人才培养中具有重要作用,通过化工企业与学校的紧密合作,能够为学生提供更广阔的发展空间和实践机会。化工企业设立"未来化学家奖学金",是激励学生积极投身化学学习和研究的有效方式。以万华化学集团为例,该集团在与多所高中的合作中,设立了"未来化学家奖学金",用于奖励在化学学习和科研方面表现优秀的学生。奖学金的评选标准包括学生的化学成绩、科研项目参与情况、创新成果等多个方面。2023年,共有65名学生获得了该奖学金,其中35名学生在化学竞赛中取得了优异成绩,29名学生参与的科研项目在省级科技创新大赛中获奖。

除了提供奖学金,化工企业还为学生提供中试基地参观与实习机会。中试基地是化工企业进行产品中试放大的重要场所,学生在参观中试基地的过程中,能够了解化工产品从实验室研发到工业化生产的全过程,目睹先进的生产设备和工艺流程,拓宽视野。在实习期间,学生能够参与到实际的科研项目中,与企业的科研人员一起工作,学习他们的科研方法和实践经验,提高自己的实践能力和创新思维。

在万华化学集团的中试基地,学生们参与了新型聚氨酯材料的研发项目。在项目中,学生们负责协助科研人员进行实验数据的采集和分析,通过对实验数据的深入研究,提出了一些改进实验方案的建议,得到了科研人员的认可。通过参与这个项目,学生们不仅掌握了聚氨酯材料的合成方法和性能测试技术,而且还培养了自己的团队合作精神和解决实际问题的能力。

校企合作还可以促进学校与企业之间的资源共享和优势互补。学校可以为企业提供科研人才和智力支持,帮助企业解决技术难题;企业则可以为学校提供实践基地和科研经费,支持学校的教学和科研工作。通过这种合作模式,能够实现学校、企业和学生的三方共赢,为高中化学拔尖人才的培养提供有力的支持。

2. 科研院所参与

科研院所拥有丰富的科研资源和顶尖的科研人才,在高中化学拔尖人才培养中发挥着重要作用。中国科学院化学所开放"周末科研体验营",为高中生提供了近距离接触前沿科研的机会。"周末科研体验营"定期举办,每年吸引来自全国各地的高中生参加。在体验营中,学生们可以参观中国科学院化学所的重点实验室,如分子动态与稳态结构国家重点实验室、高分子物理与化学国家重点实验室等,了解实验室的先进设备和研究方向。

学生们还能参与科研项目的实践操作,在科研人员的指导下,进行一些基础的实验研究。以"新型纳米材料的合成与应用"项目为例,学生们在科研人员的带领下,学习了纳米材料的合成方法,如溶胶-凝胶法、水热法等,并通过实验合成了一些新型纳米材料。他们还运用各种表征手段,如透射电子显微镜、X射线衍射仪等,对合成的纳米材料进行了结构和性能表征。在这个过程中,学生们不仅掌握了纳米材料的相关知识和实验技能,还培养了自己的科研兴趣和创新思维。

推行科学家导师制也是科研院所参与高中化学拔尖人才培养的重要举措。中国科学院化学所推行的科学家导师制,按照 1 名研究员指导 3-5 名学生的比例,为参与科研项目的学生配备导师。导师们会根据学生的兴趣和特长,为他们制定个性化的培养方案,指导学生开展科研项目。在导师的指导下,学生们可以深入参与科研项目的各个环节，从文献调研、实验设计到数据分析和论文撰写，全面提升自己的科研能力。

在"有机太阳能电池的研发"项目中，中国科学院化学所的研究员王教授指导了5名高中生。王教授首先引导学生们进行文献调研，了解有机太阳能电池的研究现状和发展趋势。在实验设计阶段，王教授与学生们一起讨论实验方案，帮助他们优化实验条件。在实验过程中，王教授密切关注学生们的实验进展，及时给予指导和建议。当学生们遇到问题时，王教授会引导他们思考问题的本质，鼓励他们尝试不同的解决方法。在王教授的指导下，这5名学生在有机太阳能电池的研发方面取得了一定的成果，其中2名学生的研究成果在省级科技创新大赛中获得了奖项。通过科学家导师制，学生们能够得到科研专家的悉心指导，快速提升自己的科研水平，为未来在化学领域的发展奠定坚实的基础。

三、媒体传播策略

1. IP化人才形象

在当今数字化时代，媒体传播对于高中化学拔尖人才培养具有重要的推动作用。打造"Z世代化学偶像"融媒体栏目，是吸引青少年关注化学领域、激发他们对化学学习兴趣的创新举措。通过短视频呈现青年学者的科研日常，能够让青少年近距离了解化学科研的魅力，打破他们对科研的神秘感和距离感。

"Z世代化学偶像"融媒体栏目可以聚焦于在化学领域取得突出成就的青年学者，他们不仅在学术研究上成果丰硕，还具有鲜明的个性和独特的魅力。栏目可以深入青年学者的实验室、办公室和生活场景中，拍摄他们的实验操作过程、科研讨论场景以及日常生活片段，通过真实、生动的画面展示化学科研的魅力。栏目可以拍摄青年学者在实验室中专注于实验操作的场景，展现他们严谨的科学态度和精湛的实验技能；可以拍摄他们在科研讨论会上激烈讨论的场景，体现他们的创新思维和团队合作精神。通过这些短视频，让青少年了解到化学科研不仅仅是枯燥的理论研究，更是充满挑战和乐趣的探索之旅。

短视频内容可以涵盖多个方面。在实验操作展示方面，展示青年学者进行复杂化学实验的全过程，如有机合成实验、材料制备实验等，详细讲解实验步骤、原理和注意事项，让青少年能够直观地学习到化学实验的方法和技巧。在科研成果分享环节，青年学者可以介绍自己的科研项目和取得的成果，解释这些成果对社会发展和人类生活的重要意义，激发青少年对化学科研的兴趣和热情。在生活趣事分享板块，展现青年学者的日常生活，如他们的兴趣爱好、休闲活动等，让青少年看到他们在科研之外的多彩人生，拉近与青少年的距离。

为了提高"Z世代化学偶像"融媒体栏目的影响力和传播效果，可以通过多种渠道进行推广。在社交媒体平台上，利用微博、微信、抖音、B站等热门社交媒体平台发布短视频，吸引广大青少年的关注和转发；可以与一些知名的博主、网红合作，邀请他们参与栏目，或者对栏目进行宣传推广，扩大栏目的知名度和影响力。在学校和教育机构中，通过校园广播、宣传栏、课堂教学等方式，向学生推荐栏目，鼓励学生观看和学习；可以与电视台、广播电台等传统媒体合作，在相关的教育节目中介绍栏目，提高栏目的覆盖面和受众群体。通过打造"Z世代化学偶像"融媒体栏目，利用短视频呈现青年学者的科研日常，能够吸引更多青少年关注化学领域，激发他们对化学学习的兴趣和热情，为高中化学拔尖人才培养营造良好的舆论氛围。

2. 风险应对

在媒体传播过程中，建立舆情监测机制至关重要。通过利用专业的舆情监测工具，如百度舆情、清博舆情等，对与高中化学拔尖人才培养相关的信息进行实时监测。这些工具能够自动抓取各大网络平台上的相关信息，包括新闻报道、社交媒体评论、论坛帖子等，并对信息进行分类、分析和筛选，及时发现潜在的舆情风险。当监测到与"神童化"宣传相关的信息时，系统能够迅速发出预警，提醒相关人员关注。

对于"神童化"宣传可能带来的负面影响，应采取积极的应对措施。在宣传内容上，要注重全面、客观地展示学生的成长过程和努力付出，避免过度强调学生的天赋和成就。可以讲述学生在学习化学过程中遇到的困难和挫折，以及他们如何通过坚持不懈的努力克服困难，取得进步和成绩。这样的宣传能够让公众看到学生的真实面貌，避免对学生产生过高的期望和不切实际的幻想。

在宣传方式上，要倡导理性看待学生的发展，避免过度炒作和夸大其词。媒体在报道高中化学拔尖人才时，应遵循新闻报道的真实性和客观性原则，不使用夸张的标题和语言，不进行过度的渲染和包装。同时，要引导公众树立正确的人才观和教育观，认识到人才的成长是一个长期的过程，需要付出努力和汗水，不能仅仅以一时的成绩和表现来评价一个学生。

加强与学生和家长的沟通也是应对舆情风险的重要措施。及时了解他们的需求和意见，根据他们的反馈调整宣传策略。当学生和家长对宣传内容或方式有异议时，要认真听取他们的意见，及时进行改进。可以定期组织学生和家长座谈会，与他们面对面交流，了解他们对媒体宣传的看法和建议，共同探讨如何更好地进行宣传，避免对学生造成不良影响。通过建立舆情监测机制，采取有效的应对措施，加强与学生和家长的沟通，能够有效防止"神童化"宣传对学生造成心理压力，为高中化学拔尖人才的培养创造良好的舆论环境。

第三节　未来挑战的破局之道

一、AI 时代能力重塑

1. 课程改革重点

在 AI 时代，高中化学课程改革势在必行，增设"计算化学与机器学习"模块是适应时代发展的重要举措。计算化学作为化学与计算机科学的交叉学科，能够通过计算机模拟和计算方法研究化学体系的性质和反应机理。机器学习则是人工智能的重要分支，通过对大量数据的学习和分析，实现对化学现象的预测和模型构建。

Gaussian 软件是计算化学领域广泛使用的一款软件，它能够进行分子结构优化、能量计算、频率分析、光谱模拟等多种计算任务。在高中化学教学中，引入 Gaussian 软件进行分子模拟，能够让学生直观地了解分子的结构和性质。在有机化学教学中，学生可以利用 Gaussian 软件对有机分子进行结构优化，观察分子的键长、键角、电荷分布等参数，从而深入理解有机分子的空间结构和电子性质。通过计算分子的能量，学生可以比较不同异构体的稳定性，探究化学反应的热力学和动力学过程。

AutoChem 软件则专注于材料化学领域的计算模拟，它能够对材料的晶体结构、电子结构、表面性质等进行计算和分析。在高中化学教学中，使用 AutoChem 软件进行分子模拟，有助于学生了解材料的微观结构与宏观性能之间的关系。在学习金属材料时，学生可以利用 AutoChem 软件模拟金属晶体的结构，分析金属原子的排列方式和电子云分布，从而理解金属的导电性、导热性和延展性等性质。在学习半导体材料时，学生可以通过模拟半导体的能带结构，了解半导体的导电原理和应用。

除了 Gaussian 和 AutoChem 软件，还有许多其他的计算化学和机器学习软件可供选择。MaterialsStudio 软件是一款功能强大的材料模拟软件，它集成了多种计算方法，能够对材料的结构、性能和加工过程进行全面的模拟和分析。在学习高分子材料时，学生可以利用 MaterialsStudio 软件模拟高分子的链结构和聚集态结构，研究高分子材料的力学性能、热性能和溶解性能等。在学习催化剂时，学生可以使用该软件模拟催化剂的表面结构和催化反应过程，探究催化剂的活性和选择性。

通过在高中化学课程中增设"计算化学与机器学习"模块，使用 Gaussian、AutoChem 等软件进行分子模拟，能够拓宽学生的知识面，培养学生的计算思维和数据处理能力，使学生更好地适应 AI 时代的发展需求，为未来在化学及相关领域的学习和研究奠定坚实的基础。

2. 评价体系创新

在 AI 时代，引入 AI 辅助的个性化学习诊断系统是创新高中化学评价体系的关键。该系统利用人工智能技术，能够对学生的学习过程和学习成果进行全面、深入的分析。通过收集学生在课堂学习、作业完成、实验操作、考试测验等各个环节的数据，包括学习时间、答题情况、实验操作步骤和结果等，系统运用大数据分析和机器学习算法，对这些数据进行挖掘和分析，从而精准地了解每个学生的学习状况和需求。

在课堂学习方面，系统可以通过分析学生的课堂参与度，如提问次数、回答问题的正确率、参与讨论的积极性等，评估学生对知识的掌握程度和学习兴趣。在作业完成情况方面，系统可以分析学生的作业完成时间、错误类型和频率等，了解学生对知识点的理解和应用能力。在实验操作中，系统可以通过传感器和图像识别技术,记录学生的实验操作步骤、实验仪器的使用方法和实验数据的采集等,评估学生的实验技能和科学素养。

基于这些分析结果,系统能够为每个学生制定个性化的学习方案。对于学习进度较快、掌握程度较好的学生,系统可以提供更具挑战性的学习任务和拓展性的学习资源,如推荐高级化学读物、科研论文,引导学生深入探究化学领域的前沿问题;对于学习遇到困难的学生,系统可以针对性地提供辅导材料、在线课程和练习题,帮助学生查漏补缺,巩固基础知识。

在学习"化学反应速率和化学平衡"这一章节时,系统通过分析学生的作业和考试数据,发现部分学生对化学平衡常数的计算和应用存在困难。针对这一情况,系统为这些学生推送了相关的知识点讲解视频、专项练习题和错题解析,帮助学生加深对化学平衡常数的理解和掌握。随着学生学习过程的推进,系统会持续跟踪学生的学习进展,动态调整学习方案。根据学生对推送内容的学习效果和反馈,系统会及时调整教学内容和难度,确保学习方案始终符合学生的实际需求。通过引入 AI 辅助的个性化学习诊断系统,能够实现高中化学评价体系的创新,提高教学的针对性和有效性,促进学生的个性化发展。

二、绿色化学转型路径

1. 课程渗透案例

在当今全球倡导可持续发展的大背景下,将绿色化学理念融入高中化学课程已成为必然趋势。锂离子电池回收和 CO_2 催化转化等课题与绿色化学紧密相关,将其融入选修课,能够让学生深刻认识到化学在解决环境问题和实现可持续发展中的重要作用。

在锂离子电池回收方面,随着电动汽车和电子设备的普及,锂离子电池的使用量急剧增加,废旧锂离子电池的回收和再利用成为一个重要的环境和资源问题。在选修课中，可以引入锂离子电池回收的相关知识，包括锂离子电池的工作原理、组成结构、回收方法和技术等。学生可以通过学习了解到，锂离子电池中含有锂、钴、镍等重要金属资源，这些金属资源的回收和再利用不仅可以减少对环境的污染，还可以节约资源，降低生产成本。

在 CO_2 催化转化方面，随着全球气候变化的加剧，减少 CO_2 排放和实现 CO_2 的有效利用成为全球关注的焦点。在选修课中，引入 CO_2 催化转化的相关知识，让学生了解 CO_2 催化转化的原理、方法和应用前景。学生可以学习到，通过催化剂的作用将 CO_2 转化为有用的化学品，如甲醇、乙醇、甲酸等。这些化学品可以作为燃料或化工原料，实现 CO_2 的资源化利用。

为了让学生更深入地理解绿色化学理念，还可以联合环保部门开展实地调研。环保部门拥有丰富的环境监测和治理经验，以及专业的技术和设备，与环保部门合作，可以为学生提供更真实、更丰富的学习资源。在实地调研中，学生可以参观废旧电池回收处理厂，了解废旧锂离子电池的回收和处理流程，目睹先进的回收技术和设备，如物理分选法、化学浸出法、生物浸出法等，了解这些技术的原理和优缺点。学生还可以参观 CO_2 减排和利用的示范项目，如 CO_2 捕集与封存（CCS）项目、CO_2 催化转化为燃料或化学品的工厂等，了解 CO_2 减排和利用的实际应用情况；与专业技术人员进行交流，了解他们在工作中遇到的问题和挑战，以及如何通过化学技术解决这些问题。通过实地调研，学生可以将课堂上学到的理论知识与实际应用相结合，增强对绿色化学的感性认识，培养学生的实践能力和社会责任感。

2. 认证体系构建

推动"绿色化学实验标准"认证，对于培养学生的环保意识和可持续发展观念具有重要意义。"绿色化学实验标准"认证应涵盖多个方面，包括实验试剂的选择、实验过程的优化、实验废弃物的处理等。

在实验试剂的选择上，应优先选择无毒、无害、低污染的试剂，避免使用有毒有害的试剂，减少实验对环境的危害。在有机合成实验中，尽量选择绿色化学试剂，如使用生物酶代替传统的化学催化剂，减少化学试剂的使用量和废弃物的产生。在实验过程的优化方面，应采用绿色化学实验技术，如微型实验、小量-半微量实验、微波化学实验等，减少试剂用量和实验时间，降低实验成本和环境污染。在进行化学物质性质验证实验时，可以采用微型实验装置，减少试剂的用量，也能达到相同的实验效果。

在实验废弃物的处理上，应建立完善的废弃物处理制度，对实验废弃物进行分类收集、妥善处理，避免废弃物对环境造成污染。实验产生的废酸、废碱应进行中和处理，达到排放标准后再排放；实验产生的有机废弃物应进行回收和再利用，如通过蒸馏、萃取等方法回收有机溶剂。

将"绿色化学实验标准"认证作为拔尖学生评选的必备条件，能够激励学生积极参与绿色化学实验，提高学生对绿色化学的重视程度。在评选拔尖学生时，除了考查学生的学习成绩、科研能力等方面，还应重点考查学生在绿色化学实验方面的表现，如是否严格遵守"绿色化学实验标准"，是否积极参与绿色化学实验的改进和创新等。对于在绿色化学实验方面表现突出的学生，在评选中应给予优先考虑和加分奖励，以鼓励更多的学生参与到绿色化学实验中来。通过推动"绿色化学实验标准"认证，将其作为拔尖学生评选的必备条件，可以培养学生的环保意识和可持续发展观念，提高学生的绿色化学素养，为高中化学拔尖人才的培养注入绿色理念。

三、公平与卓越平衡策略

1. 数字孪生计划

在教育资源分布不均的现状下，数字孪生计划为实现教育公平与卓越提供了新的路径。欠发达地区通过 5G 全息投影共享名校课堂，能够打破地域限制，让学生享受到优质的教育资源。5G 技术具有高速率、低延时、大容量的特点，能够确保全息投影的实时传输和高清显示，使学生仿佛身临其境般参与名校课堂。

以某欠发达地区的高中为例，该校与一所知名高中建立了合作关系，通过 5G 全息投影技术，实时共享名校的化学课堂。在一次化学实验课上，名校的化学教师通过全息投影出现在欠发达地区高中的教室里，学生们可以清晰地看到演示操作，听到讲解。在讲解"化学反应速率的影响因素"时，教师通过全息投影展示了不同浓度的盐酸与锌粒反应的实验过程，学生们可以直观地观察到反应速率的变化，深刻理解浓度对化学反应速率的影响。在互动环节，学生们可以通过现场的设备向教师提问，教师也能及时给予解答，实现了实时互动。

配备远程控制实验设备也是数字孪生计划的重要组成部分。远程控制实验设备可以让欠发达地区的学生远程操作先进的实验仪器，进行化学实验。学生可以通过网络远程控制位于名校实验室的高分辨率显微镜，观察化学反应过程中的微观现象，如分子的运动、晶体的生长等。通过这种方式，学生能够亲身体验实验操作，提高实验技能和科学素养，弥补了欠发达地区实验设备不足的缺陷。

为了确保数字孪生计划的顺利实施，还需要解决一些技术和管理问题。在技术方面，需要不断优化 5G 网络的覆盖和稳定性，提高全息投影的质量和效果。在管理方面，需要建立完善的合作机制，明确各方的权利和义务，确保名校和欠发达地区高中之间的合作顺畅；还需要加强对教师和学生的培训，提高他们对 5G 全息投影技术和远程控制实验设备的操作能力。通过数字孪生计划，欠发达地区的学生能够共享名校课堂，配备远程控制实验设备，实现教育资源的公平分配，为高中化学拔尖人才的培养提供了公平的机会。

2. 动态流动机制

建立区域拔尖学生数据库是实现动态流动机制的基础。该数据库应涵盖区域内所有高中的拔尖学生信息，包括学生的基本信息、学习成绩、科研成果、竞赛获奖情况等。通过对这些信息的收集和整理，能够全面了解区域内拔尖学生的整体情况，为动态流动机制的实施提供数据支持。

以某地区为例，该地区建立了高中化学拔尖学生数据库，收录了区内50所高中的拔尖学生信息。2023年，数据库中共有拔尖学生500名，其中化学成绩优异的学生300名，参与科研项目的学生200名，在化学竞赛中获奖的学生100名。通过对这些数据的分析，发现部分学校在化学竞赛方面表现突出，而部分学校在科研项目参与方面具有优势。

允许通过阶段性考核实现跨校流动，能够让学生在更适合自己的环境中学习和发展。阶段性考核可以每学期或每学年进行一次，考核内容包括学生的化学知识掌握情况、实验技能、创新思维等方面。考核成绩优秀的学生可以申请流动到教学资源更丰富、师资力量更强的学校，以获得更好的培养。考核成绩不理想的学生也可以通过调整学习环境，找到更适合自己的学习方式。

在2023-2024学年的阶段性考核中，有50名学生通过考核实现了跨校流动。学生小李原本在一所普通高中就读，虽然他对化学有着浓厚的兴趣和天赋，但学校的教学资源有限，限制了他的发展。在阶段性考核中，小李表现出色，成功流动到了一所重点高中。在新的学校里，小李接触到了更先进的实验设备和优秀的教师，参与了多个科研项目，在化学竞赛中也取得了优异的成绩。

为了确保动态流动机制的公平公正，首先需要建立严格的考核标准和规范的操作流程。考核标准应明确、具体，具有可操作性，确保考核结果能够真实反映学生的能力和水平。操作流程应公开、透明，接受社会监督，避免出现人为干预和不公平现象。其次，还需要加强对流动学生的跟踪和管理，关注他们在新学校的学习和生活情况，及时提供帮助和支持。通过建立区域拔尖学生数据库，允许通过阶段性考核实现跨校流动，能够激发学生的学习动力，优化教育资源配置，促进高中化学拔尖人才的培养。

四、全球化品牌打造

1. 国际对标行动

国际化学奥林匹克竞赛（IChO）作为全球最具影响力的中学生化学竞赛之一，其获奖者往往具备扎实的化学知识、卓越的实验技能和创新思维。分析IChO获奖者的能力图谱，能够为我国高中化学拔尖人才培养提供明确的方向和目标。

在有机合成方面，国际化学奥林匹克竞赛获奖者通常具备深厚的有机化学知识储备，能够熟练掌握各类有机反应机理，灵活运用各种有机合成方法和策略。他们能够根据目标分子的结构特点，设计合理的合成路线，选择合适的反应条件和试剂，实现复杂有机分子的高效合成。在合成具有生物活性的天然产物时，获奖者能够巧妙地运用逆合成分析方法，将目标分子拆解为简单的前体化合物，然后通过逐步合成的方式构建目标分子。他们还能够熟练掌握各种有机合成技术，如不对称合成、金属催化的有机反应等，提高合成的选择性和效率。

在光谱解析方面，国际化学奥林匹克竞赛获奖者具备敏锐的光谱分析能力，能够准确解读各种光谱数据，如红外光谱、核磁共振光谱、质谱等，从而推断分子的结构和组成。在分析一个未知化合物的结构时，获奖者能够通过红外光谱确定分子中存在的官能团，通过核磁共振光谱确定分子中氢原子和碳原子的数目和连接方式，通过质谱确定分子的分子量和分子式。他们还能够综合运用多种光谱技术，对复杂分子的结构进行精确解析，解决实际的化学问题。

为了针对性地强化这些模块，在课程设置上，应增加有机合成和光谱解析的教学内容和课时。在有机合成教学中，引入更多的实际案例和前沿研究成果，让学生了解有机合成在药物研发、材料科学等领域的重要应用。可以介绍一些新型的有机合成方法和技术，如流动化学、光催化有机合成等，拓宽学生的视野。在光谱解析教学中，配备先进的光谱分析仪器，如高分辨率核磁共振仪、飞行时间质谱仪等，让学生有机会亲自动手操作，提高他们的光谱解析能力。

在教学方法上，采用项目式学习和案例教学法。以有机合成为例，设计一些具有挑战性的项目，让学生在项目中运用所学的有机合成知识，设计并实施合成路线，最终合成目标分子。在项目实施过程中，学生需要查阅文献、设计实验方案、进行实验操作、分析实验结果，从而全面提升他们的有机合成能力。在光谱解析教学中，引入大量的实际光谱数据案例，让学生通过分析这些案例，掌握光谱解析的方法和技巧。可以组织学生进行光谱解析竞赛，激发学生的学习兴趣和竞争意识，提高他们的光谱解析能力。通过对国际化学奥林匹克竞赛获奖者能力图谱的分析，针对性地强化有机合成、光谱解析等模块，能够提高我国高中化学拔尖人才的培养质量，提升他们在国际化学领域的竞争力。

2. 文化输出载体

拟创建英文版《中国青少年化学研究年刊》，是展示我国高中化学拔尖人才研究成果的重要平台。该年刊可以收录我国高中学生在化学领域的优秀研究论文、实验报告、科技创新成果等，涵盖有机化学、无机化学、物理化学、分析化学、材料化学等多个领域。年刊应邀请国内外知名的化学专家担任编委，确保年刊的学术质量和影响力。

在国际期刊设立"Young Chinese Chemists"专栏，能够让世界更好地了解中国青少年化学家的风采。专栏可以发表我国高中学生的研究亮点、科研故事、学术观点等，增进国际同行对我国高中化学教育和人才培养的了解；可以介绍学生在科研项目中的成长经历，包括遇到的困难和挑战，以及如何通过努力克服困难，取得研究成果。通过这些故事，展示我国高中学生的科研精神和创新能力。

为了提高《中国青少年化学研究年刊》和"Young Chinese Chemists"专栏的影响力，应加强宣传推广。在国际化学会议上，发放年刊和宣传资料，介绍专栏的内容和特色，吸引国际同行的关注。利用社交媒体平台，发布年刊和专栏的相关信息，扩大其传播范围。还可以与国际知名的化学期刊和学术机构合作，进行联合推广，提高其知名度和影响力。通过创建英文版《中国青少年化学研究年刊》，在国际期刊设立"Young Chinese Chemists"专栏，能够加强我国高中化学拔尖人才与国际同行的交流与合作，提升我国高中化学教育的国际影响力，为我国高中化学拔尖人才走向世界搭建桥梁。

第四节　实施保障与风险预判

一、监测评估体系

建立科学合理的监测评估体系是高中化学拔尖人才培养的关键环节，它能够全面、准确地了解学生的发展状况，为培养方案的调整和优化提供依据。本研究构建的包含"创新指数""伦理素养""社会贡献度"的多维评价模型，旨在从多个维度对学生进行综合评价，促进学生的全面发展。

创新指数是衡量学生创新能力的重要指标，它涵盖了学生在化学学习和研究过程中展现出的创新思维、创新方法和创新成果。在创新思维方面，评估学生是否能够提出独特的问题、设想新颖的解决方案，以及是否具备批判性思维和发散性思维。通过观察学生在课堂讨论、小组项目和科研活动中的表现，了解他们的思维活跃度和创新意识。在创新方法上，考查学生是否掌握了科学研究的基本方法，如实验设计、数据分析、文献调研等，以及是否能够灵活运用这些方法解决实际问题。例如，在化学实验中，学生能否设计出合理的实验方案，控制实验变量，准确地收集和分析实验数据。创新成果则包括学生在科研项目中取得的成果，如发表的学术论文、申请的专利、参加科技竞赛获得的奖项等。以某高中学生参与的"新型催化剂的合成与性能研究"科研项目为例，学生通过不断尝试新的合成方法和实验条件，成功合成了一种新型催化剂，并在相关领域的学术期刊上发表了研究论文，这一成果体现了学生在创新能力方面的突出表现。

伦理素养是学生综合素质的重要组成部分，它关乎学生在化学研究和实践中的道德准则和行为规范。在化学实验中，学生需要遵守实验安全规范，正确使用化学试剂和实验设备，避免对自身和他人造成伤害。在科研活动中，学生要尊重知识产权，遵守学术道德，杜绝抄袭、剽窃等学术不端行为。伦理素养还包括学生对化学研究的社会责任感，即学生是否能够认识到化学研究对社会和环境的影响，并在研究中考虑到这些因素，积极探索可持续发展的化学解决方案。以"绿色化学实验标准"为例，学生在实验中应优先选择无毒、无害、低污染的试剂，采用绿色化学实验技术，减少实验对环境的危害。通过对学生在实验操作、科研活动和社会实践中的行为观察和评价，了解学生的伦理素养水平。

社会贡献度是评价学生对社会发展做出贡献的重要指标，它体现了学生的社会责任感和实践能力。学生可以通过参与社会实践活动，如科普宣传、环保公益活动等，将所学的化学知识应用于实际，为社会做出贡献。在科普宣传方面，学生可以走进社区、学校，向公众普及化学知识，提高公众的科学素养。在环保公益活动中，学生可以参与垃圾分类宣传、水资源保护等活动，为环境保护贡献自己的力量。学生还可以参与科技创新活动，将自己的科研成果转化为实际应用，为解决社会问题提供技术支持。以某高中学生参与的"废旧电池回收与利用"项目为例，学生通过对废旧电池的回收和处理，不仅减少了废旧电池对环境的污染，还实现了资源的回收利用，为社会的可持续发展做出了贡献。

在实际应用中，多维评价模型应与学生的学习过程紧密结合。学校可以建立学生成长档案，记录学生在各个阶段的学习表现、创新成果、伦理素养和社会贡献度等方面的情况。教师可以根据学生的成长档案，及时发现学生的优势和不足，为学生提供个性化的指导和支持。在每学期末，教师可以组织学生进行自我评价和互评，让学生对自己的学习和发展有更清晰的认识。学校还可以定期邀请专家对学生进行综合评价，根据评价结果调整和优化培养方案，确保培养目标的实现。通过建立包含"创新指数""伦理素养""社会贡献度"的多维评价模型，并将其应用于学生的学习过程中，可以全面、客观地评价学生的发展状况，为高中化学拔尖人才培养提供有力的支持。

二、风险预警机制

在高中化学拔尖人才培养过程中，可能会面临多种风险，其中"过度竞争导致心理问题"和"实验安全隐患"是较为突出的问题，需要设计完善的应急预案加以应对。

针对过度竞争导致心理问题，学校应建立健全心理危机干预机制。成立由专业心理教师、班主任和校医组成的心理危机干预小组，制定详细的干预流程和责任分工。当发现学生因过度竞争出现焦虑、抑郁等心理问题时，班主任应及时与学生沟通，了解其心理状态，并将情况反馈给心理教师。心理教师根据学生的具体情况，为学生提供个性化的心理辅导，如认知行为疗法、放松训练等，帮助学生调整心态，缓解心理压力。

学校还应定期开展心理健康教育活动，通过心理健康讲座、主题班会、心理拓展训练等形式，普及心理健康知识，提高学生的心理素质和应对压力的能力。邀请心理专家为学生举办"应对竞争压力，保持心理健康"的讲座，介绍应对压力的方法和技巧，引导学生树立正确的竞争观念。在主题班会上，组织学生讨论"如何看待竞争""竞争与合作的关系"等话题，让学生在交流中正确认识竞争，学会在竞争中保持良好的心态。

对于实验安全隐患，学校应制定严格的实验安全管理制度，明确实验教师、实验室管理员和学生的安全责任。在实验前，实验教师要对学生进行全面的安全教育，详细讲解实验操作规程、安全注意事项和应急处理方法，确保学生了解实验风险。实验室管理员要对实验器材、试剂进行严格检查，确保其完好无损，性能正常。在实验过程中，实验教师要全程监督，确保学生遵守实验操作规程，正确使用实验器材和试剂。学生要佩戴必要的防护用品，如实验服、手套、护目镜等，严格按照实验步骤进行操作，禁止随意操作、乱扔实验废弃物。

学校还应配备完善的安全设施和应急救援设备，如灭火器、灭火沙、急救箱、洗眼器等，并定期进行检查和维护，确保其处于良好状态。制定实验安全事故应急预案，明确事故发生后的应急处理流程和责任分工。当发生火灾、爆炸、中毒等实验安全事故时，实验教师应立即组织学生撤离实验现场，向学校安全管理部门报告，并采取相应的应急措施进行处理。如发生火灾，应立即使用灭火器、灭火沙等设备进行灭火；发生中毒事件，应立即将中毒者转移到通风良好的地方，进行急救处理，并及时送往医院治疗。通过建立完善的风险预警机制，制定相应的应急预案，可以有效降低高中化学拔尖人才培养过程中的风险，保障学生的身心健康和安全，确保培养工作的顺利进行。

参考文献

[1] 郑朝卿主编. 拔尖创新人才选拔培养成果与经验 [M]. 重庆：西南师范大学出版社, 2014.04.

[2] 林崇德等著. 拔尖创新人才成长规律与培养模式研究 [M]. 北京：经济科学出版社, 2018.09.

[3] 杨继主编. 创新人才培养模式培养拔尖创新人才 [M]. 北京：高等教育出版社, 2019.05.

[4] 周庆主编. 拔尖创新人才培养模式的构建与实施以河北正定中学为例 [M]. 北京：北京师范大学出版社, 2018.06.

[5] 张红伟主编. 开拓创新多元模式培养拔尖人才 [M]. 成都：四川大学出版社, 2014.05.

[6] 王清远, 杨明娜主编. 地方高校本科生拔尖创新人才培养机制的探索与实践 [M]. 成都：电子科技大学出版社, 2019.01.

[7] 陈权著. 情商与高校拔尖创新人才培养研究 [M]. 徐州：中国矿业大学出版社, 2017.11.

[8] 张红伟主编. 拔尖创新学生培养探索与实践 [M]. 成都：四川大学出版社, 2013.11.

[9] 王迈迈, 孙毓著. 拔尖创新人才培养 [M]. 武汉：华中师范大学出版社, 2025.01.

［10］靳玉乐，王牧华著．高校拔尖创新人才培养的经验与探索［M］．重庆：西南师范大学出版社，2020.06.

［11］李祖超，钟苹著．担当实现中国梦重任的拔尖创新人才成长研究［M］．北京：中国社会科学出版社，2021.02.

［12］白学军，王永丽，张兴利著．教育战略国际比较研究丛书让天赋更好服务人类发展拔尖创新人才早期培养的国际经验［M］．北京：人民教育出版社，2024.09.

［13］周叶中编．教与学的革命珞珈论坛拔尖创新人才培养武汉大学2023年教与学的革命珞珈论坛优秀论文集［M］．武汉：武汉大学出版社，2024.10.

［14］郑朝卿编．拔尖创新人才选拔培养新论［M］．北京：清华大学出版社，2017.06.

［15］施林淼著．中国一流大学拔尖创新人才培养四年跟踪研究［M］．上海：上海交通大学出版社，2017.01.

［16］叶庆，李富森主编；刘更生，武春平副主编．职业教育毕业生成长为拔尖创新人才的案例和规律研究［M］．北京：电子工业出版社，2015.07.

［17］曹顺庆，王超编．立德树人传承文明曹顺庆教授40年拔尖人才创新培养案例实录［M］．成都：四川大学出版社，2023.01.

［18］罗生全，艾兴编．教育学一流学科建设拔尖创新人才培养规划教材中小学校本课程开发［M］．西南大学出版社，2023.01.

［19］重庆招生自考研究会编．拔尖创新人才选拔培养专论［M］．成都：四川科学技术出版社，2012.07.